O coordenador pedagógico e a legitimidade de sua atuação

Leitura indicada

1. O coordenador pedagógico e a educação continuada
2. O coordenador pedagógico e a formação docente
3. O coordenador pedagógico e o espaço da mudança
4. O coordenador pedagógico e o cotidiano da escola
5. O coordenador pedagógico e questões da contemporaneidade
6. O coordenador pedagógico e os desafios da educação
7. O coordenador pedagógico e o atendimento à diversidade
8. O coordenador pedagógico: provocações e possibilidades de atuação
9. O coordenador pedagógico e a formação centrada na escola
10. O coordenador pedagógico no espaço escolar: articulador, formador e transformador
11. O coordenador pedagógico e o trabalho colaborativo na escola
12. O coordenador pedagógico e a legitimidade de sua atuação
13. O coordenador pedagógico e seus percursos formativos
14. O coordenador pedagógico e questões emergentes na escola
15. O coordenador pedagógico e as relações solidárias na escola
16. O coordenador pedagógico e os desafios pós-pandemia
17. O coordenador pedagógico e seu desenvolvimento profissional na educação básica

O coordenador pedagógico e a legitimidade de sua atuação

Vera Maria Nigro de Souza Placco
Laurinda Ramalho de Almeida
ORGANIZADORAS

Cristovam da Silva Alves
Deborah Dantas Behrmann Mineo
Ecleide Cunico Furlanetto
Fernanda Coelho Liberali
Guilherme Siqueira Arinelli
Helena Aparecida Verderamis Sellani
Jeanny Meiry Sombra Silva
Kátia Martinho Rabello
Laurinda Ramalho de Almeida
Lucimeire Cabral de Santana
Luiza Helena da Silva Christov
Margarete Cazzolato Sula
Moacyr da Silva
Natália Peixoto Trevisan
Rafael da Nova Favarin
Rosangela de Souza Bittencourt Lara
Vera Lucia Trevisan de Souza
Vera Maria Nigro de Souza Placco

Edições Loyola

Dados Internacionais de Catalogação na Publicação (CIP)
(Câmara Brasileira do Livro, SP, Brasil)

O coordenador pedagógico e a legitimidade de sua atuação / Vera Maria Nigro de Souza Placco, Laurinda Ramalho de Almeida, organizadoras. -- São Paulo : Edições Loyola, 2017.

Vários autores.
ISBN 978-85-15-04466-5

1. Coordenadores educacionais 2. Educação - Finalidades e objetivos 3. Indisciplina escolar 4. Pedagogia 5. Professores - Formação 6. Relações interpessoais I. Placco, Vera Maria Nigro de Souza. II. Almeida, Laurinda Ramalho de.

17-05762 CDD-370.71

Índices para catálogo sistemático:
1. Coordenação pedagógica : Educação 370.71
2. Coordenadores pedagógicos : Educação 370.71

Conselho editorial:
Emilia Freitas de Lima
Idméa Semeghini Próspero Machado de Siqueira
Laurinda Ramalho de Almeida
Magali Aparecida Silvestre
Melania Moroz
Vera Maria Nigro de Souza Placco

Preparação: Renato da Rocha
Capa: Maria Clara R. Oliveira
    Ronaldo Hideo Inoue
Diagramação: Ronaldo Hideo Inoue
Revisão: Vera Rossi

Edições Loyola Jesuítas
Rua 1822 n° 341 – Ipiranga
04216-000 São Paulo, SP
T 55 11 3385 8500/8501, 2063 4275
editorial@loyola.com.br
vendas@loyola.com.br
www.loyola.com.br

Todos os direitos reservados. Nenhuma parte desta obra pode ser reproduzida ou transmitida por qualquer forma e/ou quaisquer meios (eletrônico ou mecânico, incluindo fotocópia e gravação) ou arquivada em qualquer sistema ou banco de dados sem permissão escrita da Editora.

ISBN 978-85-15-04466-5

© EDIÇÕES LOYOLA, São Paulo, Brasil, 2017

*Para Eliane Bambini Gorgueira Bruno,
nosso carinho e a lembrança imorredoura
de sua presença marcante em
nossa coleção e em nossos corações.*

Sumário

Apresentação 9

Um, nenhum e cem mil:
a identidade do coordenador pedagógico
e as relações de poder na escola 11
Vera Lucia Trevisan de Souza
Vera Maria Nigro de Souza Placco

O coordenador pedagógico e as
relações interpessoais no ambiente escolar:
entre acertos e desacertos 29
Laurinda Ramalho de Almeida

A legitimação do coordenador pedagógico:
duas experiências em foco 49
Ecleide Cunico Furlanetto
Helena Aparecida Verderamis Sellani

Formação continuada com equipes técnico-pedagógicas:
desafios diante da implantação
do programa Mais Educação São Paulo 67
Cristovam da Silva Alves
Deborah Dantas Behrmann Mineo
Lucimeire Cabral de Santana

As relações interpessoais nos contextos escolares:
as várias faces do jogo coletivo 95
Jeanny Meiry Sombra Silva
Kátia Martinho Rabello
Laurinda Ramalho de Almeida

Indisciplina escolar:
uma proposta de formação com base na cadeia criativa 117
Natália Peixoto Trevisan
Fernanda Coelho Liberali

O tempo, o caminho e a experiência
do coordenador pedagógico da creche:
os saberes e as rotinas que articulam, formam
e transformam suas práticas educacionais 137
   Margarete Cazzolato Sula
   Vera Maria Nigro de Souza Placco

O coordenador pedagógico e o psicólogo escolar:
práticas cooperativas na mediação das ações 161
   Rafael da Nova Favarin
   Guilherme Siqueira Arinelli
   Vera Lucia Trevisan de Souza

Especialização em coordenação pedagógica:
uma experiência de formação de coordenadores 175
   Luiza Helena da Silva Christov
   Rosangela de Souza Bittencourt Lara

Planejar, acompanhar e avaliar:
principais atribuições do coordenador
pedagógico na instituição escolar 185
   Moacyr da Silva

Apresentação

Não há dúvidas quanto à legitimidade da Coordenação Pedagógica — como função necessária à articulação do trabalho desenvolvido na escola —, embora as questões de formação do coordenador pedagógico — CP —, as condições de trabalho deste e dos demais profissionais da escola e as questões do contexto social se revelem como desafios ao trabalho pedagógico e, por vezes, ponham em questionamento essa legitimidade.

Este exemplar da coletânea do Coordenador Pedagógico é composto de relatos de pesquisa, desenvolvidas em programas de mestrados acadêmicos e profissionais, bem como de reflexões sobre experiências profissionais e formativas realizadas em escolas ou redes de ensino, reforçando aspectos dessa legitimidade e revelando diferentes faces da realidade educacional.

Temos enfatizado, em outras publicações, a constituição da identidade do coordenador pedagógico. Agora, na continuidade desta coletânea, trazemos à consideração de outros educadores e educadoras, que têm sido nossos parceiros e incentivadores, a importância de considerarmos nessa constituição identitária as práticas colaborativas e coletivas dos profissionais da escola, o que implica discutir relações de poder e relações interpessoais, entre profissionais da gestão e entre gestão e professores. Assim, essa constituição se articula ao planejamento e acompanhamento das atividades pedagógicas. A legitimação do trabalho de CP se fortalece por sua formação continuada, com pessoal qualificado e propostas inovadoras.

As proposições que apresentamos são desafios importantes para a organização e funcionamento das escolas. Nelas, buscamos articular pessoas e processos, visando ao melhor aprendizado de nossos alunos. Ao mesmo tempo, buscamos apontar conflitos e contradições que fazem parte do cotidiano escolar e exigem, de cada um de nós, o enfrentamento desses desafios e o compromisso de uma atuação que se legitima pela intencionalidade de nossos objetivos.

São Paulo, maio de 2017.

Vera Maria Nigro de Souza Placco
Laurinda Ramalho de Almeida

Um, nenhum e cem mil: a identidade do coordenador pedagógico e as relações de poder na escola

Vera Lucia Trevisan de Souza[1]
vera.trevisan@uol.com.br
Vera Maria Nigro de Souza Placco[2]
veraplacco7@gmail.com
veraplacco@pucsp.br

> *Não sou um autor de farsas, mas um autor de tragédias. E a vida não é uma farsa, é uma tragédia. O aspecto trágico da vida está precisamente nessa lei que o homem é forçado a obedecer, a lei que o obriga a ser* **um***. Cada qual pode ser um, nenhum, cem mil, mas a escolha é um imperativo necessário.*
> (Pirandello, 2001)

A epígrafe que abre este capítulo, escrita pelo autor na obra que inspira as reflexões que apresentamos, anuncia o que se quer pôr em questão: o que tem sido e o que pode ser o CP na escola? Como ele se posiciona diante dos grupos com os quais convive?

---

1. Doutora pela PUC-SP. Coordenadora e professora do programa de pós-graduação em Psicologia, na PUCCamp.
2. Doutora pela PUC-SP. Professora dos programas de estudos pós-graduados em Educação: Psicologia da Educação e Educação: Formação de Formadores, ambos da PUC-SP.

De que modo incorpora seu papel de coordenar? Como um profissional singular que, mesmo que, diferentemente do personagem de Pirandello, se veja como membro de um coletivo, busca inserir sua marca na condução do trabalho pedagógico da escola, enfrentando a disputa por poder dentro da própria gestão? Como *nenhum* — alguém que se anula, se submete, sucumbindo à servidão imposta pelas demandas cotidianas, pelas emergências, ditadas pela gestão e pelos docentes? Ou como *cem mil* — aquele que tenta dar conta de tudo, atender a todos, pois esta é a única forma de ser reconhecido e valorizado pelos gestores e professores?

É sobre essas relações, constitutivas da identidade do CP, de sua ação e formação profissional, que pretendemos discorrer neste capítulo, visando ampliar a discussão sobre a coordenação pedagógica e adentrar uma temática da maior relevância: as relações de poder dentro da gestão na escola.

O coordenador como um sujeito singular: voltar-se para si a partir do olhar do outro

No romance *Um, nenhum e cem mil*, o protagonista Vitangelo Moscarda, ao descobrir, após uma observação de sua esposa, que seu nariz "pende" para a direita, passa a especular sobre sua identidade: "Quem será este homem que mal conhece suas próprias feições? Como o veem as pessoas mais próximas? O que restaria dele — sua identidade — se lhe subtraíssem a aparência?". Ou seja, ainda que o motivo aparente de seus questionamentos possa parecer por demais superficial, sua vivência revela a fragilidade do nosso eu diante do olhar do outro: "Somos para os outros tão somente o que parecemos e quem não fala e não age conforme a expectativa que seu papel social demanda, sofrerá sem remissão a impiedade alheia e cedo ou tarde será excluído e fadado à marginalidade" (BOSI, 2001, 10).

O drama do protagonista resume-se no seguinte enredo: ao longo de sua vida, ele não teria confrontado as diversas imagens de si, atribuídas por outros, e como consequência não desenvolvera uma autoimagem consistente, que lhe possibilitasse ser/ter o caráter de UM. Então, para os outros, existiam muitos Moscardas, com

CEM MIL aspectos de sua personalidade aparente, mas, para ele próprio, não havia NENHUM, um único EU que pudesse subsistir fora da visão alheia. Logo, para si próprio, consigo próprio, ele era NINGUÉM.

Por analogia a essa personagem, podemos nos questionar: quem é o coordenador pedagógico na escola? De que espaços de reflexão ele dispõe para pensar sobre si, na relação com os outros que constituem a escola? Sabendo que se trata de um profissional que desempenha múltiplas atividades, que assume múltiplos papéis, que enfrenta desafios diversos, tendo de responder às demandas de professores, alunos, famílias e sistema de ensino (PLACCO; ALMEIDA; SOUZA, 2011), que efeitos essas CEM MIL características e expectativas teriam na constituição identitária de UM profissional singular, que tem uma história única, constitutiva de seu modo de ser e agir na profissão?

Entendemos a identidade como processo constituído nas interações com os outros — no caso do CP, professores e gestores (com quem se relaciona com mais frequência) e alunos, famílias e sistema de ensino, também presentes no processo de atribuir-lhe papéis e funções, expectativas e representações. Concorrem ainda, nesse processo, a história singular do sujeito, construída enquanto vida pessoal e profissional. A formação profissional, inicial e continuada, também compõe e tem importante papel no processo de constituição da identidade de CP.

Dubar (2005, 2009), sociólogo que tem embasado nossos estudos sobre constituição identitária, define-a como processo caracterizado por um movimento dialético vivido pelo sujeito entre as atribuições (aquilo que os outros lhe dizem/esperam que ele seja) e as pertenças (identificações ou não identificações do sujeito com as atribuições que lhe são conferidas). Então, a identidade é um processo extremamente complexo, que envolve todas as dimensões do sujeito e do social, o passado e o presente, o biográfico e o relacional.

Entendida dessa perspectiva, não é possível expurgar o outro do nosso processo de constituição identitária, tal como quer e espera o protagonista da história de Pirandello, para que se possa ser UM. Mas também não se trata de se anular, de viver em estado de dispersão, sendo CEM MIL — na dependência das atribuições, demandas e expectativas dos outros —, tampouco de assumir um estado de anomia, sendo NENHUM. Trata-se, pois, de ser singular, uma vez que, ao viver algumas das atribuições dos outros, via identificação, o sujeito age, atua, escolhe aderir e declara suas pertenças (ou não) em relação às expectativas que se têm dele, aos papéis desenhados para que ele assuma. E os assume (ou não) com sua compreensão sobre o que significa ser CP, com sua história, com seu modo de ser, pensar, sentir e compreender, agindo de acordo com os significados e sentidos que atribui à função que ocupa/ocupará.

Esse movimento torna-se possível por meio do processo permanente de olhar para si a partir do olhar do outro, tendo clareza do que é seu e do que é do outro, de seu compromisso com os outros da relação, com o coletivo. E isso ocorre na medida em que o sujeito singular escolhe, de modo consistente e coerente com sua história e com as relações para com a realidade em que atua, que atribuições assumirá, com quais expectativas se identificará, entre todas que lhe são propostas pelos outros — sendo UM. Então será preciso investir, de modo perene, na construção do coletivo, única condição capaz de viabilizar a coexistência de sujeitos singulares, que se articulam na construção de uma ação consciente da mediação do processo pedagógico da escola em direção à realização dos objetivos de ensino, aprendizagem e desenvolvimento de seus sujeitos.

O CP e seu lugar na gestão: um, nenhum ou cem mil?

A fim de problematizar o processo de constituição da identidade do CP, entendendo que ser CP equivale a ocupar um lugar na gestão da escola, compondo, portanto, a equipe gestora, faz-se necessário abordar o funcionamento da gestão, seu papel na escola, a relação entre seus membros (a própria gestão) e as relações com os outros, sobretudo os professores. Trata-se, portanto, de falar da relação entre os membros da gestão, uma relação que assume dimensão fundamental na constituição identitária de todos os gestores.

Contudo, optamos por refletir sobre um cenário que criamos com base em nossas experiências em pesquisas e em formação de gestores escolares. Na história fictícia, há elementos de várias vivências que tivemos em nosso percurso de pesquisadoras do tema e formadoras de gestores das redes pública e privada, além da experiência como professoras na universidade. Quer-se que esteja claro que não se trata de um caso específico, de uma escola específica, mas, à moda dos romances, de uma história fictícia com dados advindos da realidade.

Uma escola pública situada na periferia de uma grande cidade, com cerca de mil alunos, tem como profissionais que atuam na gestão um diretor, um vice-diretor e dois coordenadores pedagógicos. A direção se dedica às questões de natureza organizativa, ainda que intervenha nas relações entre professores e alunos, quando necessário. Os dois coordenadores se dividem por períodos de funcionamento da escola: um trabalha no período da manhã e em parte do período da tarde, e o outro, no período da tarde e da noite. Os dois CPs se dedicam ao atendimento dos professores, que lhes apresentam demandas relativas, majoritariamente, a comportamentos dos alunos; ao sistema de ensino em relação ao encaminhamento de documentos ou participação em formações oferecidas ao CP; à direção, em atividades de avaliação ou atendimento de pais, entre outras; e aos alunos, quando solicitados pelos professores.

Nessa escola, as reuniões de formação de professores ocorrem semanalmente e são planejadas e coordenadas pelos CPs. Os professores formam um grupo que já está há vários anos na escola e costumam declarar que gostam de trabalhar na instituição. Entretanto, os conflitos com a gestão e as queixas são recorrentes e intensos. Há quem diga que é o grupo de docentes que "manda" na escola. Um indício dessa representação é que há vários grupos de formação, organizados de modo que atendam às necessidades e desejos dos docentes. Essa organização produz sobrecarga para o CP, que tem de planejar e participar de mais de um encontro por semana.

A diretora também está há certo tempo na escola, mas menos que muitos professores. Tem um modo de agir avaliado como autoritário pelos professores e afirma que é dessa forma que consegue manter as regras e os princípios que visam garantir direitos dos alunos e alguma qualidade à educação que a escola oferece. Cuida dos horários de entrada e saída de alunos e professores e dos espaços externos às salas de aula, como quadra, jardim e banheiros. Os alunos do período da manhã têm maior frequência nas aulas que os do noturno. Mas, ainda assim, a média de absenteísmo é da ordem de 20% no diurno e 30% no noturno. Os gestores e professores costumam dizer que isso acontece porque os estudantes não têm mais interesse na escola; pior, estariam indiferentes à escola. Os casos de indisciplina ou de agressão e violência, ou, ainda, qualquer comportamento inadequado, são repreendidos de imediato e com bastante rigidez pela gestão — os CPs ou a direção. A escola conta com professores de todas as disciplinas em número suficiente para ministrar as aulas. Mas também há ausências destes, toda semana, e então os demais professores adiantam aulas e todos saem mais cedo, principalmente no noturno.

O cenário acima poderia corresponder à realidade de muitas das escolas que conhecemos, desde que incluíssemos os conflitos que caracterizam sua dinâmica. Esses conflitos também são muito parecidos — barulho excessivo nas salas de aula, sendo difícil aos alunos ouvir o professor e ao professor seguir com sua aula; professores se recusando a manter na sala alunos que teriam cometido ações desrespeitosas ou violentas, gestores reclamando de professores que não fizeram ou não fazem o que devem ou deveriam, gestores e professores reclamando de pais, alunos reclamando de professores etc.

Qualquer sujeito que adentre um cenário dessa natureza para exercer a coordenação pedagógica sofrerá a influência de todas essas características da escola na constituição de sua ação profissional, do seu modo de pensar, sentir e agir na função. Lançará mão de suas experiências (se já atuou como CP ou professor), de seus saberes adquiridos na formação (inicial ou continuada), mas necessitará, primordialmente, do coletivo da escola apoiando-o, apresentando-lhe o cenário e o contexto, incluindo-o no grupo com os professores e, sobretudo, no grupo de gestores.

No grupo de professores, ele tem papel previamente estabelecido, já conhecido de todos (todas as escolas contam com a figura do coordenador, ainda que com outro nome, conforme pesquisa de Placco, Almeida e Souza, 2011). Ele é o profissional que trabalha com a formação, que discute as ações dos docentes, que atende a casos de alunos que fogem ao esperado pelo docente e atende aos pais que necessitam conversar com a escola. Mas que lugar o CP ocupa na gestão? Ele é UM, CEM MIL ou NENHUM?

Sendo a gestão o lugar do poder na escola, tendo em vista que dela emanam as regras e as definições das ações escolares, de que modo o comando, o direcionamento das práticas, das ideias, das regras são produzidos e circulam nesse espaço? Qual é o impacto das relações estabelecidas na gestão, na constituição da identidade do CP?

Podemos continuar nossa história fictícia trazendo o que temos observado sobre essa questão na escola: o lugar que o CP ocupa tem relação com sua proximidade ou não com a direção e, no caso das redes em que ele é escolhido pela direção, ele ocupa, segundo a visão dos professores, um lugar bem ao lado do diretor. Ao ocupar esse lugar, ele assume as características já constituídas pela direção — se democrática, terá uma relação favorecida com os professores e alunos; se autoritária, carregará o peso de um modo de agir regulado pelo lugar do mando, e não da legitimidade. E essa situação já coloca dificuldade para o estabelecimento dos vínculos do CP com os professores: ele precisa de um tempo para ir mostrando, com suas ações, as intenções que tem com o grupo, o que pretende com a formação, com a condução do processo pedagógico da escola. Enfim, um tempo mediado por ações efetivas que lhe confiram legitimidade enquanto profissional preparado para ocupar tal lugar. Mas esse processo é extremamente complexo: os outros resistem a nossas ações e tendem a buscar permanecer em suas posições atuais, sem muita disposição para mobilizar esforços para fazer/ser diferente.

Daí a necessidade de apoio da gestão como coletivo. Mas... e se a gestão não se constituir como coletivo e seus membros agirem de modo autoritário com os professores e demais atores da escola, o que resta ao CP que está chegando, querendo fazer diferente? Se não sustentado pela gestão, enquanto coletivo de diretor, por vice-diretor(es) e outros CPs, quem sustentará suas ações? Que poder terá esse CP, se apoiado por alunos? Que possibilidades terá ele de ter o apoio dos professores?

Estamos falando de relações de poder, não poder de mando, que já está posto — ou garantido — ao CP que ocupa lugar de gestor, mas poder de agir, por entender que somente a ação legitimada pela competência profissional é capaz de produzir práticas exitosas na escola. Ou seja, quais são as possibilidades de o CP ser UM na gestão? UM entendido como aquele que representa, compartilha, se implica, se compromete com os princípios, as diretrizes e os objetivos da gestão da escola e cujo poder de agir emana desse lugar do compromisso e da responsabilidade que deve ter a gestão na condução do trabalho de professores e formação de crianças e jovens.

As relações de poder na escola: a gestão em questão

Historicamente, a gestão escolar tem sido marcada como instância que detém o poder de mando na escola: é dela que emanam as decisões e orientações sobre o que fazer e como fazer. Entretanto, desde os anos de 1980/1990, busca-se transformar a gestão em democrática, que, como tal, deve ter como norteador de suas ações um Projeto Político Pedagógico, construído pelo coletivo da escola, contemplando as demandas da comunidade. Esse projeto, enquanto documento vivo que guia as práticas de todos os atores escolares, necessita ser discutido e revisado permanentemente, de acordo com as avaliações feitas pelo coletivo da escola. A instituição da gestão democrática como modo de funcionamento dessa instância deveria transformar as relações da gestão com os agentes escolares e com o público que atende.

Entretanto, conforme define Lapassade (1977), ao postular os níveis de realidade social[3] como o nível do grupo, o nível da orga-

---

3. Ainda que se trate de produção antiga, a análise profunda desse autor contribui para a compreensão e reflexão sobre as instituições. Ele entende a realidade social dividida em três níveis: o do grupo, o da organização e o do Estado. O primeiro, do grupo, caracterizaria a base das relações cotidianas, tais como aquelas presentes nas famílias, na sala de aula, no escritório ou departamento. Nesse nível o institucional se manifesta nos horários, ritmos e normas cujo objetivo é manter a ordem. O segundo nível, da organização, se caracteriza por seus regimentos e regulamentos, contemplando as normas jurídicas, e é representado

nização e o do Estado, a instituição se constituiria por um conjunto de características que representam um instituído, que pauta toda e qualquer relação, que equivale à "[...] forma geral das relações sociais" (Lapassade, 1977, 46) e diz respeito ao que é permanente e fixo, às vezes cristalizado, pois pode ser reproduzido pelos atores institucionais. Mas também haveria, em caráter potencial, o instituinte, que, ao contrário, representaria a possibilidade de abertura, de mudança da instituição, por criar novas formas de relação.

A pergunta a fazer, que decorre de nossas observações das práticas gestoras, é se a instituição da gestão democrática promoveu a criação de espaços instituintes de novas formas de relação da gestão com os agentes, o público e dentro da própria gestão, ou se essa instância permanece funcionando do modo historicamente instituído, em que a burocracia é uma forma de organização do poder que exclui a participação dos indivíduos nas decisões. Ou seja, como se processam, atualmente, as relações de poder na escola? Quem manda, quem cumpre o que é mandado?

Em pesquisa que realizamos no início dos anos de 2000 para investigar as interações na escola, ao abordar a questão da autoridade constatamos que as relações, em todas as instâncias da instituição investigada, se caracterizavam pela tríade mando-medo-obediência (Souza, 2004), ou seja, com forte componente autoritário, cuja mediação era feita pelo medo da punição, e não pelo respeito ou responsabilidade sobre as ações. Entretanto, se na época a punição se caracterizava por elementos mais objetivos no que concerne às sanções que poderiam sofrer os "desobedientes" (no caso dos professores, por exemplo, não ter faltas abonadas, pegar classes mais "difíceis" ou não ser ajudado pela gestão em suas dificuldades com alunos), atualmente as punições parecem permanecer em âmbito mais subjetivo, o que reveste as ações gestoras com aparência de democrática, por vezes dificultando a análise de seu funcionamento.

---

pelos estabelecimentos (escolas, fábricas etc.); é o nível da burocracia, entendida como relação de poder que atravessa toda a vida social, estando presente sempre que nas relações há a separação entre a decisão e a execução, entre o pensar e o fazer; e o terceiro e último nível da realidade social — o do Estado — é a instituição, propriamente dita, visto que representa as leis que regem a sociedade. Dele emanam as leis e normas que regem os grupos e as organizações.

Na escola fictícia que descrevemos acima, a gestão tem um modo de funcionar que permite ilustrar o que estamos querendo tomar como objeto de reflexão: a diretora de "pulso firme" trabalha já há algum tempo com um dos CPs e, recentemente, por desentendimento com o outro CP, demitiu-o sumariamente, trazendo um CP de outra escola para ocupar seu lugar. Então, a escola conta com um CP antigo, que já construiu vínculo com seu grupo de professores, e outro novo, estrangeiro, que, para atuar com o grupo e mediar a construção de vínculo, conta apenas com o apoio da diretora de "pulso firme". Quais são as possibilidades de legitimação do trabalho desse CP iniciante pelo grupo de professores? Que apoio ele deveria ter do outro CP, para facilitar essa legitimação? E como coletivo? Essas questões dizem respeito às relações de poder na gestão.

Conforme anunciamos, muito já se falou sobre a relação da gestão com os agentes e o público da escola, mas muito pouco se tem dito sobre as relações dentro da própria gestão e, menos ainda, sobre como a questão do poder comparece nessa instância do funcionamento escolar. Com o advento da educação democrática, espera-se que a gestão funcione como coletivo, que compartilhe princípios e valores acerca do que deve ser a educação, a escola, o ensino, a aprendizagem, a relação da escola com a comunidade, a formação de professores, o planejamento, a avaliação. Esse partilhamento seria possível via Projeto Político Pedagógico, documento que deveria conter definições claras sobre todos esses aspectos, além de pressupostos filosóficos e teóricos que expressassem a visão de mundo, de conhecimento, de homem e de desenvolvimento, que se constituiriam como nortes das propostas de ações do projeto. Então, esse projeto construído coletivamente também seria o mediador da construção do coletivo de gestores e professores, sendo, a um só tempo, processo e produto da constituição da escola como democrática.

Esse grupo gestor, trabalhando coletivamente, colocaria os objetivos e interesses do coletivo da escola em primeiro plano — quais sejam, o ensino e aprendizagem, a formação e o desenvolvimento de todos os atores, tendo como horizonte a emancipação dos sujeitos no e com o coletivo. O "nariz" de cada um deixaria de existir como elemento individual, dando lugar a um coletivo de corpos que buscam se constituir juntos, mediados por objetivos comuns. Tratar-se-ia, pois, de ser UM na relação com CEM MIL, e, nesse movimento, às vezes ser NENHUM, para que outros pudessem ser UM.

Nossa escola fictícia não chega nem perto desse ideal. Ao contrário, o CP iniciante, ao invés do apoio de seu colega CP mais experiente, encontra nele um opositor, que critica suas práticas e se coloca do lado dos professores, utilizando-se de estratégias voltadas à sedução, para si, e não para o conhecimento ou para os objetivos da escola. Favorece os professores que o apoiam, que o acolhem, que o ajudam quando precisa, não atendendo a outros que se posicionam contrários a ele, ainda que possam estar certos em seus argumentos. Aos amigos, é possível desconsiderar ausências, acobertar ações inadequadas. Aos demais, descontam-se pequenos atrasos e imputam-se penalidades na elaboração do horário de aulas, por exemplo. Essas ações resultam no apoio da grande maioria dos professores a esse CP, o que confere grande dificuldade ao trabalho do CP iniciante, que quer propor uma reflexão mais aprofundada sobre os problemas da escola e construir um projeto pedagógico com a participação de todos os docentes e gestores.

O poder de agir do CP experiente emana do apoio dos professores que o legitimam no lugar do mando — visto que o que o mantém nesse lugar não é sua competência na articulação das questões que perpassam as práticas escolares, nem dos conteúdos ou relações que se apresentam na formação, tampouco de eventuais transformações que promove na escola (PLACCO; ALMEIDA; SOUZA, 2011), ou seja, não é o reconhecimento de sua competência como gestor que constitui sua autoridade, mas o medo do outro — de ser punido, de perder privilégios, o que faz sua relação com os docentes pautar-se pelo mando-medo-obediência. Assim, ele consegue mobilizar os professores, calar alunos, repreendendo-os de imediato quando os professores os põem para fora, suspendendo-os de aulas, sem lhes dar o direito de defesa. Logo, suas ações como CP atendem prontamente às demandas dos docentes no que concerne ao comportamento dos alunos, portanto os professores lhe são gratos e devedores. Desse modo, CP e professores voltam suas energias às questões individuais que, à semelhança de Moscarda, protagonista do romance-ficção, visam seus interesses, a despeito das inúmeras demandas que se apresentam nas relações ensino-aprendizagem. E, assim, os encontros de formação seguem, sem avançar na superação dos reais problemas que se apresentam na escola relacionados a seus objetivos de promover a aprendizagem e o desenvolvimento de crianças e jovens. Observe-se que o que está no cerne dessa forma de relação é o PODER. Poder, a princípio, do CP, transferido aos professores e exercido com tamanha força que só deixa aos alunos a possibilidade da obediência. Nesse modo de exercer o poder, o CP busca ser UM diferenciado, ainda que para tal necessite desconsiderar os outros — CEM MIL, deixando como possibilidade aos submetidos a seus mandos ser NENHUM; neste caso, não ser.

A identidade de CPs que tomam como orientadoras de suas ações essas formas de relações constitui-se como autoritária e não promove avanços no ensino ou na aprendizagem, tampouco promove o desenvolvimento profissional dos docentes.

De outro lado, o CP iniciante, que só encontra apoio na diretora de "pulso firme", não é acolhido pelos professores que, justamente, se contrapõem à diretora, em função de suas qualidades "autoritárias", e transferem ao CP a animosidade que vivenciam com a direção. O que resta ao CP então? Ficar do lado dos alunos e pais, assumindo o compromisso de lutar pelos direitos deles perante os professores e mesmo a diretora, visto que também não compartilha de algumas ações assumidas pela direção. Mas em que medida esse lado do embate de forças auxilia o CP iniciante em seu trabalho na escola? Novamente, trata-se de relações de poder, e podemos converter a pergunta para: o que podem os alunos e pais na escola? O que pode um coordenador na relação com o grupo de professores? E, sobretudo, o que pode um CP na relação com os demais gestores? Neste caso, o CP busca ser CEM MIL, ante a impossibilidade de ser UM, pois atende a todos e a tudo que lhe demandam, anula-se como gestor ao receber as críticas à gestão, feitas de modo explícito pelos professores nas reuniões de formação. E, como não consegue ser CEM MIL, resta-lhe ser NENHUM, pois não encontra lugar no grupo por não ser legitimado — nem por sua competência ou pelo lugar que ocupa na gestão, ao lado da diretora rejeitada pelo autoritarismo.

Os professores têm força enquanto grupo na escola, assim como os alunos e as famílias a teriam. O CP, como o iniciante que apontamos anteriormente, só terá força com os professores — no sentido de poder de agir para negociar a superação dos problemas e o avanço da qualidade do ensino e aprendizagem — se formar um grupo, uma equipe com os demais gestores. Ou seja, a gestão precisa funcionar e pensar como coletivo. Sua força e poder advirá da coerência de suas diretrizes e de suas ações junto aos educadores da escola, às famílias e alunos.

No entanto, trata-se, também, de enfrentar as relações de poder dentro da própria gestão, de articular forças para construir um projeto que favoreça o trabalho de todos, a começar pelo próprio trabalho, que não precisa ser tão duro, tão sofrido ou desgastante, como nesses casos que citamos, visto serem frequentes exemplos de situações de adoecimento de CP ou de desistência da função.

Responsabilidade do CP enquanto formador de professores e autoformação

Outro tema que envolve as relações interpessoais e pedagógicas na escola diz respeito às questões da formação, seja a formação continuada dos professores, atividade sob a responsabilidade do CP, seja a formação específica do próprio CP, que deveria ter vários eixos: formação proporcionada pelo sistema de ensino, formação supervisionada/acompanhada/vivida com o diretor da escola e formação, ou melhor, autoformação, regulada e conduzida pelo próprio CP.

A formação específica do CP encontra fortes limitações, na escola e fora dela, dado que com frequência o sistema de ensino não oferece alternativas voltadas para as especificidades da função do CP, isto é, centra-se na oferta de cursos ou oficinas a respeito de temas das diferentes áreas curriculares, e espera que o CP — sendo UM — as "transmita" ou "multiplique", na escola, para os professores daquelas áreas ou disciplinas — sendo CEM MIL. O CP, não sendo especialista nessas diferentes áreas e tendo uma multiplicidade de tarefas a cumprir, se assume NENHUM na realização de mais essa tarefa.

O diretor, embora reconheça (PLACCO; ALMEIDA; SOUZA, 2011) sua responsabilidade em relação à formação do CP, não se sente apto ou não tem disponibilidade para assumir esse papel.

E, finalmente, quanto ao esperado movimento de autoformação — importante oportunidade para que se reconheça como UM, na escola e fora dela —, o CP mais uma vez se justifica pela multiplicidade de tarefas (tendo de ser CEM MIL), para não realizar os movimentos provocadores de mudanças em si mesmo e na realidade da escola — assumindo, mais uma vez, o lugar de NENHUM. Além disso, como identificado por Placco, Almeida e Souza (2011, 84), muitos CPs se justificam pelo não envolvimento na autoformação, dado que afirmam que "o que realmente dá subsídio para ação é a experiência, o dia a dia, o cotidiano". E se justificam ainda pela formação inicial recebida, no curso de Pedagogia, em que "teve muita teoria e a questão da prática ficou distante, porque, ao chegar à escola, teve que dar conta do trabalho em grupo com professores com diferentes características e sentiu muita dificuldade" (2011, 84). Em formações eventuais de que participam — em Universidades e outros locais externos de formação —, esses CPs valorizam receber "pautas de encontros, vídeos, textos diferentes, boas dicas" (PLACCO; ALMEIDA; SOUZA, 84), o que lhes possibilita organizar os encontros coletivos com os professores — mas não necessariamente promover sua formação.

Ainda assim, mesmo privilegiando a experiência em detrimento da base teórica, muitos CPs recorrem à base teórica recebida para estabelecer os fundamentos com base nos quais propõem os processos formativos de seus professores, seja na concepção de formação, seja nos modelos de formação continuada organizados: troca de experiências, de conhecimentos e sugestões, relações interpessoais entre CPs e professores, ajuda mútua (PLACCO; ALMEIDA; SOUZA, 89). Nessas situações, fica clara a relação de poder inversa que se estabelece entre CPs e professores: pelas inseguranças ou omissões do CP, os professores assumem unilateralmente o encaminhamento das reuniões de formação, nem sempre na direção dos objetivos do Projeto Político Pedagógico da escola ou das necessidades e demandas da realidade escolar. Nesses momentos, a presença do diretor da escola pode ser um fator importante de retomada da formação ou de negação desta, com a introdução de discussão de temáticas pertinentes, ou de assuntos burocráticos ou mecanicistas, que instalam mal-estar e irritação no coletivo dos professores.

Nesse contexto, pensemos no trabalho do CP como formador — constituindo-se como identidade naquele espaço. As relações de poder que ali se formam passam pela legitimação do papel do CP — ou não — e vice-versa: a legitimação ou não do papel do CP estabelece quais relações de poder se instituem naquele espaço. A disputa permanente por poder, na escola, precisa ser compreendida pelos profissionais, para que possa ser analisada e enfrentada. Ao disputarem o poder, os professores ora se unem corporativamente — o que lhes proporciona possibilidade de derrubar qualquer coisa proposta pela direção ou CP —, ora se unem em pequenos grupos rivais, em relação aos quais o CP ou a direção "precisariam" escolher um lado — o que os colocaria sempre isolados em relação a uma parte do corpo docente. Nesses contextos, nenhuma ação formativa pode prosperar, pois sempre haverá um clima de "meu" lado, "seu" lado, que impossibilita um trabalho formativo colaborativo em torno do Projeto Político Pedagógico. Em nossa visão, talvez seja por conta dessas disputas de poder e de espaço que a escola com frequência encontre tanta dificuldade em formar seus professores e, portanto, em mudar suas práticas e atitudes.

Pelo exposto, a formação dos professores, na escola, passa necessariamente pela formação prévia e continuada do CP, de modo que ele possa tomar consciência de suas funções na escola, tornando-se capaz de identificar, nessas funções, as questões de poder que perpassam seu agir e que exigirão dele escolhas e tomadas de decisão concernentes a essas relações. Nesse contexto, o CP escolherá se quer ser Um, Nenhum ou Cem Mil. Sua formação lhe permitirá perceber que, mesmo que imbuído legalmente por um conjunto de funções predefinidas, sua legitimidade como gestor não está garantida. E essa compreensão configura sua posição dentro da escola — uma posição política, pois define quais objetivos e valores ele escolhe para direcionar sua ação dentro da escola. No que acredita, quem ele é, ao lado de quem — ou do que — ele está. São opções que o definem identitariamente, que o mostram como UM, em sua singularidade e clareza, em sua relação consigo mesmo e com os outros; que lhe permitem ser Cem Mil, na habilidade e competência de realizar a multiplicidade de ações que compõem sua identidade profissional; que o colocam como Nenhum, quando outros precisam ter o protagonismo necessário para a descoberta de suas singularidades no coletivo da escola.

Considerações finais

Como proposto inicialmente, nossas questões para este texto se centraram em buscar responder a algumas questões: o que tem sido e o que pode ser o CP na escola? Como ele se posiciona diante dos grupos com que convive? De que modo incorpora seu papel de coordenar? No entanto, o que particularmente nos interessa, ao discutir as relações constitutivas da identidade do CP, de sua ação e formação profissional, é ampliar a discussão sobre a coordenação pedagógica, adentrando a temática das relações de poder dentro da gestão na escola, isto é, entre os membros da gestão escolar.

Ao estabelecer uma analogia com o personagem Moscarda (PIRANDELLO, 2005), em seu livro *Um, nenhum e cem mil*, propusemos um CP que, no processo de constituição de sua identidade profissional, se identifica com sua função, como Um ser singular, que se reconhece parte de um coletivo e é capaz de escolhas compromissadas com os alunos e sua aprendizagem, com a escola e a comunidade em que trabalha, de atender prioritariamente às demandas que melhor respondem às necessidades dos alunos e das escolas — sendo, neste momento, CEM MIL e sabendo também, conscientemente, escolher ser NENHUM, para atender às necessidades de protagonismo por parte de outros do coletivo da escola. Ou seja, a constituição identitária se caracteriza como um drama que, tal como o vivido por Moscarda, é repleto de muitas dúvidas, exigindo investimento permanente em reflexão, assim como escolhas por vezes dolorosas em vista do enfrentamento de conflitos presentes nas relações escolares, com os outros da escola e consigo próprio.

Diante das condições objetivas e subjetivas de formação que vivenciou na formação inicial e que vivencia hoje, para sua formação continuada e autoformação, esse profissional precisa fazer escolhas conscientes, em que as limitações da realidade objetiva estabelecem as possibilidades de realização ou não de alguns objetivos e exigem a redefinição desses objetivos e a proposição de alternativas criativas e viáveis de ação.

As possibilidades das relações de poder, na escola, entre CP e professores, e gestão e CP, mostram a necessidade de que em ambos os espaços o CP possa se destacar como Um no coletivo, sendo, simultaneamente, Um e o coletivo, isto é, alguém com segurança em relação a quem é, com sua identidade profissional em permanente movimento de constituição, reconstituição e destruição, ao mesmo tempo que é Um com o coletivo, identificando-se com os valores e significados daquele grupo, fazendo parte dele.

Outro aspecto para o qual queremos chamar a atenção é o fato de que saber é poder, saber implica reconhecimento (HONNETH, 2003) — reconhecimento social como constitutivo da identidade. Sou visto pelo outro, enxergado pelo outro, e este implica poder. O saber do CP deve ser um saber fundamentado teoricamente, mas também o saber advindo das vivências, das experiências.

Um dos aspectos questionados em relação à formação inicial do CP diz respeito à sua dificuldade em ler a realidade, a intencionalidade subjacente do outro, muitas vezes entrando nos agrupamentos para ser aceito, sem uma análise criteriosa do que aquilo significa naquela realidade. Há necessidade de que ele tenha um saber não só informativo, mas de vivências, advindo de experiências de sua história, objetiva e subjetiva. Muitas vezes, o CP teve uma formação de especialista, de professor, que vai lidar com crianças e, no máximo, com adolescentes. Ele não sabe lidar com adultos; não os entende. Além disso, muitas vezes ele também não conhece o aluno. De qualquer modo, ele não tem vivência de "ler" o outro para além da aparência. Se fosse capaz de ler o não dito ou explicitado em uma classe, seria mais fácil para ele ler a realidade das relações entre professores, e entre professores e gestão na escola. E identificaria as relações de poder que estão sendo estabelecidas naqueles espaços. Esse seria o primeiro passo para aprender a lidar com essas relações, concretas, reais, ambíguas e perigosas. Isso lhe possibilitaria quebrar o paradigma: mando — medo — obediência, fugindo do círculo vicioso do poder na escola e investindo na criação de um círculo virtuoso e democrático de relações interpessoais, em que cada um possa ser, a seu turno, UM, CEM MIL e NENHUM em função de necessidades e demandas da escola e da aprendizagem dos alunos.

Finalmente, se se valoriza o trabalho coletivo, tem-se de entender que ele envolve realmente todos os educadores — pelo menos em dois níveis: entre professores e gestão e dos gestores entre si. Não é possível ser UM, CEM MIL e NENHUM ao mesmo tempo e o tempo todo: é necessário alternar papéis, e essa metáfora é potente para pensar o funcionamento do grupo, do coletivo da escola e o papel que o CP pode ter em sua promoção. No entanto, permanece como desafio repensar a formação inicial e continuada do CP, para oferecer vivências que permitam o exercício desses papéis.

Referências

Bosi, A. *Dialética da colonização*. São Paulo: Companhia das Letras, 1992; [4]2001.

Dubar, C. *A socialização. Construção das identidades sociais e profissionais.* Trad. Andréa S. M. da Silva. São Paulo: Martins Fontes, 2005.

_____. *A crise das identidades. A interpretação de uma mutação.* Trad. Catarina de Matos. Portugal: Autêntica, 2009.

Honneth, A. *Luta por reconhecimento. A gramática moral dos conflitos sociais.* Trad. Luiz Repa. São Paulo: Ed. 34, 2003.

Lapassade, G. *Grupos, organizações e instituições*. Rio de Janeiro: Francisco Alves, 1977.

Pirandello, L. *Um, nenhum e cem mil*. São Paulo: Cosac Naify, 2001.

Placco, V. M. N. S.; Almeida L. R.; Souza, V. L. T. *O coordenador pedagógico e a formação de professores: intenções, tensões e contradições.* Relatório de pesquisa desenvolvida pela Fundação Carlos Chagas por encomenda da Fundação Victor Civita. São Paulo: FVC, 2011. Disponível em: <www.fvc.org.br/estudos-e-pesquisas>. Acesso em: 21 out. 2014.

Souza, V. L. T. *As interações na escola e seus significados e sentidos na construção de valores. Um estudo sobre o cotidiano escolar.* Tese de doutorado. Programa de Estudos Pós-Graduados em Educação: Psicologia da Educação. PUC-SP, 2004.

O coordenador pedagógico e as relações interpessoais no ambiente escolar: entre acertos e desacertos

Laurinda Ramalho de Almeida[1]
laurinda@pucsp.br

Tenho apenas os meus sonhos.
Espalhei-os, então, a teus pés.
Caminha com cuidado,
Pois pisas sobre meus sonhos.
(YEATS, W. B., Aedh deseja os tecidos do céu)

Introdução

O poema do poeta irlandês William B. Yeats, prêmio Nobel de Literatura em 1923, toca-me profundamente, porque eu o leio do lugar que sou, na relação professora-alunos, formadora-formandos; porque acredito que, apesar das críticas feitas à escola, algumas justas, outras injustas, ela representa a concretização dos sonhos de significativa parcela da população brasileira. Sinto-me bem ao pensar que, em minha trajetória de professora, orientadora e pesquisadora, se cometi erros, e com certeza cometi muitos, tentei sempre não pisar nos sonhos daqueles com quem trabalhei, ensinando e aprendendo.

---

1. Professora doutora do programa de estudos pós-graduados em Educação: Psicologia da Educação e vice-coordenadora do programa do mestrado profissional em Educação: Formação de Formadores, ambos da PUC-SP.

Crianças, jovens e adultos sabem que a escola é o lugar do aprender, e sabem que aprender é conviver, não só com os conteúdos escolares, mas com os professores, com os colegas, com os amigos, com a instituição.

São muitos os lugares do aprender, mas a escola ainda permanece um espaço privilegiado para o conhecimento. Trabalhar para que o outro aprenda, ou seja, ensinar, é a intencionalidade da escola. Ouso dizer que uma escola com essa intencionalidade claramente definida, que aceita investir na qualidade das relações interpessoais para facilitar o acesso ao conhecimento, é uma escola em que professores, demais profissionais e alunos não pisam nos sonhos uns dos outros. Caminham com cuidado.

É ponto pacífico que, à medida que os sistemas educacionais expandem a escolaridade obrigatória (o que é justo e bom), dá-se o acesso à escola a alunos de diferentes meios sociais e econômicos, o que provoca necessidades educacionais mais diversificadas. Multiplicam-se os problemas que chegam à escola, o que leva principalmente professores e coordenadores pedagógicos a intervir em situações muito diferenciadas para as quais, *grosso modo*, não foram preparados.

Sem desresponsabilizar as políticas sociais que desvalorizam os profissionais da educação e os alunos, acredito que é possível desenvolver habilidades de relacionamento interpessoal que facilitem a convivência na escola e repercutam no clima escolar, entendendo-se que este

> refere-se à atmosfera de uma escola, ou seja, às qualidades dos relacionamentos e dos conhecimentos que ali são trabalhados, além dos valores, atitudes, sentimentos e sensações partilhadas entre docentes, discentes, equipe gestora, funcionários e famílias (VINHA et al., 2016, 101).

Uma supervisora de ensino, ex-aluna de mestrado do programa em que atuo, encaminhou-me uma mensagem ao final de 2016 que retrata o momento que está atravessando. Com sua permissão, transcrevo uma parte do texto:

> Estudar sobre como a criança aprende, discutir as pesquisas mais recentes em alfabetização e realizar pesquisas sempre foi meu grande desejo e compromisso. Sempre gostei de analisar as situações de

acordo com os "óculos teóricos", e poder citar autores e pesquisas me motivavam e aumentavam meu ego. No entanto, nos últimos cinco anos, trabalhei diretamente com formação de professores e gestores e confesso que minha experiência me apontou para outro caminho. Um caminho cheio de questionamentos e incertezas. Atualmente, considero que nosso maior desafio seja a formação integral das pessoas que atuam em nossas escolas e as relações que elas estabelecem no ambiente de trabalho. Sempre tive certo preconceito com as teorias ligadas à subjetividade e às relações interpessoais. [...] Mas demorei alguns anos para admitir que só daremos conta de formar melhores professores, se antes compreendermos que são pessoas com trajetórias de vida e de formação diferenciadas (JD).

Professores e alunos são pessoas com trajetória de vida e de formação diferenciadas. Quando chegam à escola trazem conhecimentos, sentimentos, valores, sonhos para serem partilhados e confrontados. É impossível não haver embates de subjetividades. Mas é possível amenizá-los.

O objetivo deste capítulo é retomar alguns pontos da proposta do psicólogo Thomas Gordon (1974, 2001) para desenvolvimento de habilidades de comunicação interpessoal, proposta com a qual trabalhei e obtive resultados positivos, partindo do pressuposto de que o investimento nas relações interpessoais favorece o acesso ao conhecimento.

1. O ouvir ativo e a mensagem-eu[2]

Um professor que leu Gordon sabe que a escuta ativa ou a mensagem — eu é eficaz na relação pedagógica. Ela contém potencialmente uma regra de conduta (PERRENOUD, 2001, 156).

Thomas Gordon (1918-2002), psicólogo americano, trabalhou com Carl Rogers, ambos na linha da psicologia humanista. Rogers

---

2. O tópico 1 é uma retomada de parte do capítulo de MAHONEY, Abigail A.; ALMEIDA, Laurinda R. de, O ouvir ativo: recurso para criar um relacionamento de confiança, in: ALMEIDA, L. R. de; PLACCO, V. M. N. S. (org.), *As relações interpessoais na formação de professores*, São Paulo, Loyola, 2004.

exerceu, no Brasil, nas décadas de 1960 e até meados de 1980, influência significativa na psicologia e na educação (ALMEIDA, 2007). Muitos de seus princípios têm sido inspiração para trabalhos de formação de professores. Josso (2004), no livro *Experiências de vida e formação*, assim expressa:

> Carl Rogers, mais recentemente surgido no meu itinerário, como formadora de adultos, forneceu-me um conjunto coerente de princípios de ação com vista a facilitar a atualização das potencialidades de cada aprendente (JOSSO, 2004, 225).

Gordon fez uma tentativa de operacionalizar as atitudes básicas de Rogers (1985): autenticidade, consideração positiva e empatia, propostas como condição para um relacionamento construtivo, propondo um programa de capacitação para professores (1974), posteriormente para pais (1975) e também para líderes (1977, 2001).

No contexto do ensino (ROGERS, 1985), as condições/atitudes/sentimentos são assim reveladas:

- Autenticidade ou congruência: quando o professor é uma pessoa real, transparente, participando de um relacionamento com o estudante sem máscara ou fachada. Isso significa que ele tem consciência dos sentimentos que está experienciando naquele momento e é capaz de comunicá-los ao aluno.
- Consideração positiva ou apreço, aceitação, confiança: quando o professor é capaz de apreciar o estudante, apreciar seus sentimentos, suas opiniões, sua pessoa, aceitando-o como uma pessoa que tem valor por si mesma. Trata-se de uma confiança básica, de uma crença de que o outro é, de algum modo, fundamentalmente digno de confiança.
- Empatia ou compreensão empática: quando o professor é capaz de se colocar no lugar do outro e compreender suas razões e reações. Trata-se de procurar encarar o mundo pelos olhos do estudante.

Essas três atitudes são interdependentes, formando um todo: uma abordagem centrada na pessoa só se efetiva se acredito que esse outro é digno de confiança. Essa crença mobiliza-me para colocar-me em seu lugar e ver o mundo com seus olhos. Mas preciso comunicar ao outro os sentimentos que experiencio em nossa relação. As três atitudes correspondem a necessidades que precisam ser satisfeitas para o desenvolvimento pleno da pessoa.

Gordon operacionaliza as três atitudes rogerianas por meio de duas habilidades:

- Ouvir ativo ou escuta ativa;
- Mensagem-eu ou mensagem na primeira pessoa.

Essas duas habilidades dão conta das atitudes rogerianas, em um ponto comum às três: mensagem não julgadora. Cada encontro entre professor e aluno deve ser uma tentativa de expressar as três atitudes conforme as possibilidades de cada um no momento. Essas habilidades podem ser aprendidas, e talvez a primeira condição seja ter o professor como modelo. À medida que o aluno perceber, em seu professor, a preocupação com o ouvir ativo e com a mensagem na primeira pessoa, terá maior probabilidade de usá-las quando se relacionar com os outros.

Gordon afirma que, desenvolvendo essas duas habilidades, o professor gradualmente vai substituindo a tradicional linguagem do poder por relações menos assimétricas. Passa a reduzir o uso de termos como *controlar, dirigir, punir, ameaçar, policiar, fazer cumprir a lei, ordenar* e a usar um novo vocabulário: *resolver problemas, gerenciar conflitos, influenciar, confrontar, colaborar, tomar decisões em conjunto, fazer contratos, obter acordos mútuos, negociar, trabalhar junto*. Os efeitos dessa mudança logo serão notados: o aluno passa a sentir-se aceito, a ter maior liberdade de expressão, a aceitar seus próprios limites e os limites do outro, a desenvolver positivamente seu autoconceito.

Gordon insiste também que se deve substituir a visão idealizada de professor, ou seja, os "mitos do bom professor", por um modelo mais humano, acessível. Argumenta que é preciso permitir ao professor que atue sem máscaras, como pessoa concreta sujeita a limitações decorrentes tanto de condições internas (valores, crenças, expectativas) como de condições externas (ambiente perturbador fora e dentro da escola, pressões de várias ordens).

Segundo Gordon (1974, 22), são "mitos do bom professor":
- Bons professores são calmos, sempre equilibrados. Nunca perdem a calma, nunca mostram emoções fortes.
- Bons professores não têm preconceitos.
- Bons professores podem e devem esconder seus sentimentos de seus alunos.
- Bons professores têm o mesmo grau de aceitação para com todos os estudantes; não têm favoritos.
- Bons professores proporcionam um clima de aprendizagem sempre excitante, estimulante e livre, e ao mesmo tempo sempre organizado.
- Bons professores são consistentes. Eles nunca apresentam variações de humor ou mostram parcialidade, jamais esquecem, têm altos e baixos ou cometem erros.
- Bons professores conhecem todas as respostas. São mais conhecedores que os alunos.
- Bons professores apoiam-se uns nos outros, apresentando uma posição única para os estudantes, independentemente de seus sentimentos pessoais, valores ou convicções.

Acreditar nesses mitos impede que o professor atue como uma pessoa concreta, espontânea. É preciso enfrentar o "mito do bom professor" que o leva a se ver como alguém acima da fragilidade humana e assim desgastar-se e se decepcionar com seu desempenho.

Partindo do pressuposto de que bons relacionamentos são condições de aprendizagem e que eles exigem que as pessoas envolvidas sejam "elas mesmas", Gordon (1974) propôs um programa de capacitação, o TET (*Teacher Effectiveness Training*), para preparar o professor para esse tipo de relacionamento.

1.1. Ouvir ativo

O ouvir ativo revela ao estudante o "querer compreender" da parte do professor. O processo de decodificação dos sentimentos na fala do aluno é crítico no processo do ouvir ativo, e o professor pode e deve ir verificando seu esforço de compreensão, antes de exprimir sua mensagem final. Por exemplo, um aluno está muito ansioso porque seu trabalho está muito atrasado (ele tem um problema e está tentando resolvê-lo). Então pergunta ao professor: "Vamos ter um teste logo?". O professor vai decodificar a pergunta, em um processo de inferência, e, se esse processo for correto, vai concluir: "O aluno está preocupado". Se sua decodificação foi incorreta, poderá pensar: "O aluno quer fazer o teste logo" ou "O aluno esqueceu para quando o teste foi marcado". Ao dizer "Você está preocupado em fazer logo a prova, não é mesmo?", o aluno perceberá que foi ouvido e compreendido.

Então, o ouvir ativo é captar o que está por trás da fala. É ouvir não só a fala, mas o que o corpo está revelando (porque o corpo também fala). É captar o que está envolvido na mensagem, na fala, especialmente os sentimentos presentes naquela dada situação. Rogers se refere a esse tipo de pessoa como:

> pessoas que foram capazes de perceber o significado do que eu dizia um pouco além do que eu era capaz de dizer. Essas pessoas me ouviram sem julgar, diagnosticar, apreciar, avaliar. Apenas me ouviram, esclareceram-me em todos os níveis em que eu me comunicava (ROGERS, 1983, 78).

Daí a importância de o professor ser bom ouvinte e bom observador, para fazer a leitura do corpo e captar as emoções e os sentimentos.

Gordon (1974, 75-76) enfatiza que, para o ouvir ativo ser autêntico, algumas atitudes são essenciais:

1. um senso profundo de confiança na habilidade de o aluno resolver seus próprios problemas, lembrando que o ouvir ativo tem como objetivo facilitar o encontro de soluções pelo próprio aluno;
2. aceitar genuinamente os sentimentos expressos pelos estudantes, não importa quão diferentes possam ser;
3. entender que os sentimentos são transitórios — eles existem em um momento; o ouvir ativo ajuda o aluno a se movimentar de emoções momentâneas para outras emoções;
4. querer ajudar os alunos com seus problemas e dar tempo para serem resolvidos;

5. estar com cada estudante que tenha algum problema e ao mesmo tempo manter uma identidade separada — o professor deve experienciar os sentimentos como se fossem dele, mas não deixar que se tornem dele;
6. entender que os alunos raramente são capazes de começar compartilhando o problema real — o ouvir ativo ajuda a esclarecer e chegar ao problema real;
7. respeitar a natureza confidencial das revelações do aluno. Muitas vezes os professores comentam abertamente problemas de alunos com outros professores — nada poderá destruir mais uma relação do que isso.

Finalmente: o ouvir ativo não é uma mágica, algo que o professor tira do chapéu. É um método específico para colocar em prática um conjunto de atitudes com relação ao aluno, a seus problemas e a seu papel como facilitador. É uma habilidade a ser aprendida, como muitas outras.

1.2. Mensagem — eu ou mensagem na primeira pessoa

Gordon discute dois tipos de linguagem: a da não aceitação e a da aceitação. A linguagem da não aceitação comunica que o aluno deve mudar porque há algo errado com ele, ou que o professor não se importa com ele. Por isso, é ineficiente.

Muitos professores acreditam que é importante dizer ao aluno o que não aceita nele, caso contrário ele não se modificará. No entanto, a experiência de professores, orientadores educacionais, coordenadores pedagógicos e psicólogos mostra que uma linguagem de aceitação é a única que contribui para o crescimento e a mudança das pessoas.

A linguagem da não aceitação é a "linguagem do você" e se apresenta sob três formas:
1. mensagens que dão solução;
2. mensagens que humilham;
3. mensagens indiretas.

Alguns exemplos[3]:
1) Mensagens que dão solução
a) "Sente-se já. Cale a boca" — ordem.
b) "Se não fizerem fila direito, ficarão sem recreio" — ameaça.
c) "Estando no quarto ano, você já devia saber comportar-se" — sermão.
d) "Livros são para ser lidos, não rabiscados" — argumento lógico.
e) "Se eu fosse você, voltaria a ler a lição" — solução.

Nessas mensagens, o professor diz ao estudante exatamente o que fazer para modificar seu comportamento.

2) Mensagens que humilham
a) "É sempre você quem começa a confusão aqui"; "Você é insuportável" — julgamento, crítica.
b) "Vocês estão agindo como macacos hoje" — ridicularização.
c) "Você é assim porque é muito mimado em casa" — interpretação.

Ainda pior que as mensagens que dão solução, estas são danosas para a autoimagem. As mensagens que humilham carregam avaliação, crítica, ridicularização e julgamento.

3) Mensagens indiretas
a) "Quando fizeram de você o diretor da escola?" — ironia.
b) "Vamos continuar a trabalhar agora que o *show* acabou" — sátira.
c) "Espero que quando você crescer se torne professor e tenha cem alunos assim" — sátira.
d) "Você não aproveita a boa cabeça que tem" — elogio.
e) "Por que você está fora do lugar?" — questionamento.

Estão incluídas nesta categoria as mensagens que distraem, satirizam, desviam o assunto, elogiam, dão apoio ou questionam.

---

3. Os exemplos aqui apresentados foram tirados do trabalho de Zibas (1981). Apoiada nas propostas de Gordon, a autora organizou um programa de capacitação para professores de duas escolas de ensino fundamental, uma estadual e uma particular. O coordenador pode propor outros exemplos em função da realidade de sua escola.

Esses exemplos mostram que as mensagens que dão ordens, as mensagens que humilham e aquelas classificadas como indiretas têm algo em comum: todo o foco está no comportamento do aluno. São mensagens na terceira pessoa (linguagem do você) e nada dizem sobre o professor.

Se o professor disser algo a respeito de como se sente sobre o comportamento do aluno ou como o comportamento do aluno o afeta, teremos uma mensagem na primeira pessoa. Não é muito simples construir mensagens desse tipo. Para serem eficientes, elas devem ter três componentes:

1º) Os estudantes devem ficar sabendo o que está criando problema para o professor. Para isso, o professor deve relatar o comportamento-problema, sem culpar ou julgar o aluno:

Ex.: Quando estou dando uma explicação e sou interrompida...
Quando vejo livros com folhas rasgadas...
Quando vejo papéis jogados no chão...

Algumas vezes o comportamento de um aluno específico é motivo de problema para o professor. Nessas situações, o pronome *você* aparece, mas apenas como descrição do comportamento, e não como mensagem de humilhação para o aluno.

Ex.: Quando você empurra o João...
Quando você me interrompe...
Quando você pula para cima e para baixo...

Aqui só há descrição de comportamentos-problema. Essas mesmas mensagens poderiam tornar-se avaliativas e humilhantes:

Ex.: Quando você rudemente me interrompe...
Quando você estupidamente empurra o João...
Quando você pula para cima e para baixo como macaco...

2º) O segundo componente de uma mensagem na primeira pessoa é geralmente a parte mais difícil de ser encontrada. É preciso mencionar ao aluno um efeito concreto e tangível daquele comportamento específico descrito na primeira parte da mensagem:

Ex.: Quando você me interrompe, a classe se distrai...
Quando você empurra o João, ele cai...
Quando você deixa a porta do armário aberta, algumas coisas desaparecem...

A experiência tem mostrado que mensagem na primeira pessoa não tem impacto sobre o aluno a menos que mostre um efeito negativo concreto sobre o professor ou sobre a classe. Há comportamentos que o professor pode julgar indesejáveis e que, entretanto, não têm efeito negativo concreto sobre ele ou a classe. Nesses casos, a mensagem na primeira pessoa raramente funciona.

3º) A terceira parte da mensagem na primeira pessoa deve mencionar os sentimentos gerados no professor por causa do efeito concreto do comportamento do aluno.

Ex.: Quando você empurra o João (*descrição do comportamento*), ele cai (*efeito concreto*) e eu fico com medo que ele se machuque (*sentimento*).

Quando você me interrompe (*descrição do comportamento*), a classe se distrai (*efeito concreto*) e eu fico nervosa porque perdemos tempo (*sentimento*).

Quando encontro papéis jogados no chão da classe (*descrição do comportamento*), sei que dona Maria terá mais trabalho para limpá-la (*efeito concreto*) e fico envergonhada de minha turma causar esse transtorno (*sentimento*).

Gordon sugere várias atividades para desenvolver habilidades de ouvir ativo e mensagem-eu, tais como: 1) identificar indicadores (expressões verbais, voz, postura) para sentimentos de alunos ou outras pessoas. Ex.: a criança diz: "Você me dá a mão quando chegarmos à escola?". A criança está sentindo: _____; 2) transformar mensagens-você em mensagens-eu. Ex.: nenhum aluno entregou o trabalho no dia confirmado. O professor está irritado. Mensagem-você: "Eu nunca vi, vocês não ligam para nada. Não adianta fazer planos e marcar datas para as tarefas. Nada funciona com vocês". Mensagem-eu: _____.

Outras atividades podem ser planejadas de acordo com o contexto da escola e a criatividade do formador, lembrando sempre que as propostas de Gordon não apontam para uma valorização menor do conteúdo, mas são vistas como condições para facilitar a construção do conhecimento pelo aluno.

2. A importância do conhecimento de si

Divertiu-me uma ideia — a ideia de que, embora a vida de uma pessoa seja composta de milhares e milhares de momentos e dias, esses muitos instantes e esses muitos dias podem ser reduzidos a um único: o momento em que a pessoa sabe quem é, quando se vê diante de si (BORGES, 2000, 105).

Com ousadia, acrescento um adendo à afirmação de Borges: "sabe quem é, quando se vê diante de si" e sabe como se tornou quem é. Seres sociais que somos, nossa identidade é fruto de interações com outros da família, da comunidade, do trabalho, do lazer e, em uma sociedade que muda em ritmo acelerado, provocando novas e diferentes interações, a identidade está em processo de transformação constante.

Gordon (1974) argumenta que um dos motivos que podem impedir boas relações entre professor e aluno é a incapacidade de o professor perceber o quanto é intolerante com os estudantes e consigo mesmo. E eu acrescentaria: quanto o professor é tolerante... O que os alunos fazem ou dizem afeta diferentemente um ou outro professor, embora todos sejam afetados, mesmo quando não o digam, e isso interfere em seu desempenho e, consequentemente, na dinâmica da classe e no clima escolar. É importante que o professor consiga distinguir os comportamentos que provocam problemas somente aos alunos e não o afetam daqueles que criam problemas a ele próprio, por interferirem em suas necessidades.

Também o grau de aceitação (tolerância) do professor pode ser diferente com diferentes alunos, até em situações corriqueiras: por exemplo, chamar a atenção de Paula porque está falando com seu colega durante a prova, e não chamar a atenção de Pedro na mesma situação. Até com justificativa: "Pedro é confiável, e Paula não". Reconhecer que isso acontece e refletir sobre o porquê é um passo importante para enfrentar as situações em sala de aula.

Um modelo de análise para a relação professor-aluno no sentido de ajudar o professor a identificar, compreender e enfrentar problemas é trabalhar com diagramas retangulares, chamados por Gordon de "janelas de aceitação".

Gordon propõe que o professor desenhe um retângulo e o divida em três partes. Na parte superior, deve colocar os comportamentos e sentimentos que percebe estarem afetando um, vários ou todos os alunos, mas que não o afetam. Isso não significa que não vai ajudar tais alunos. Mas esses comportamentos e sentimentos não interferem em sua gestão de sala de aula, que é a "zona de ensino-aprendizagem", situada na parte central do retângulo. A parte inferior, ele deve preenchê-la com os problemas (comportamentos, sentimentos) que o afetam e interferem em seu desempenho, porque lhe causam mal-estar ou interferem na dinâmica da classe. Na "zona de ensino-aprendizagem" (parte central), vai apresentar como a classe está funcionando.

Segue um exemplo:

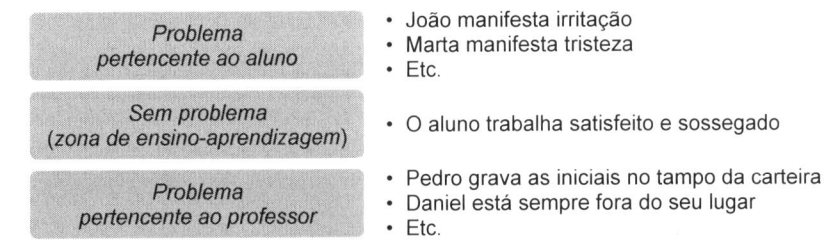

Problema pertencente ao aluno	• João manifesta irritação • Marta manifesta tristeza • Etc.
Sem problema (zona de ensino-aprendizagem)	• O aluno trabalha satisfeito e sossegado
Problema pertencente ao professor	• Pedro grava as iniciais no tampo da carteira • Daniel está sempre fora do seu lugar • Etc.

É preciso lembrar que o Programa de Capacitação proposto por Gordon tem como objetivo aumentar a "zona de ensino e aprendizagem", isto é, oferecer ao professor alternativas para lidar com os comportamentos das zonas problemáticas (dos alunos e suas) a fim de usar seu tempo produtivamente no ensino. Identificando e enfrentando os problemas das extremidades do retângulo, sua "janela de aceitação" poderia ser:

Problema pertencente ao aluno
Sem problema (zona de ensino-aprendizagem)
Problema pertencente ao professor

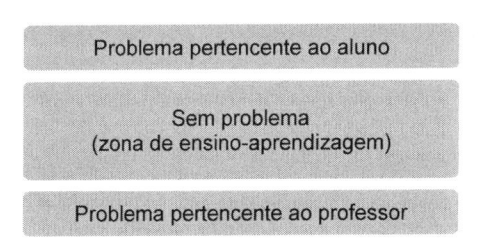

Percebe-se que a linha de aceitação mudou, tanto para os problemas pertencentes ao aluno como para os pertencentes ao professor. Porém, é bom enfatizar que, mesmo quando o professor trabalha para compreender e enfrentar os problemas dos alunos, sempre haverá aqueles não resolvidos, por circunstâncias pessoais e até porque são externos à escola. O mesmo ocorre com o professor: mesmo que se reconheça como excessivamente intolerante, pode justificar, para ele mesmo e para os outros, que é seu jeito de ser e não há por que buscar mudanças.

3. E o coordenador pedagógico, como fica?

> Confiança — o senhor sabe — não se tira das coisas feitas ou perfeitas: ela rodeia é o quente da pessoa (GUIMARÃES ROSA, *Grande Sertão: Veredas*).

O Programa Gordon, sucintamente apresentado, é um recurso para capacitação de professores no aperfeiçoamento de habilidades de comunicação. Foi focalizado neste texto com o objetivo de oferecer ao coordenador pedagógico uma alternativa de atuação para formação de professores, quando o objetivo é o refinamento de relacionamentos interpessoais que ocorrem no processo ensino-aprendizagem. Minha experiência mostra que as "janelas de aceitação" são bem recebidas como atividade em processos de formação. O preenchimento do diagrama retangular, individualmente ou em grupo, mostra-se uma atividade descontraída; porém, quando se faz a discussão das partes que o compõem, há acordos e desacordos, e até momentos de tensão. É quando o professor se reconhece que ele sai de sua zona de conforto.

É possível relacionar essa atividade com os aspectos discutidos por Placco e Souza (2006) sobre a aprendizagem do adulto-professor: subjetividade, memória e metacognição. Ao retomar as "janelas", o coordenador pedagógico está instigando a relação do professor consigo mesmo e com o grupo, levando-o a confrontar-se com as "janelas" dos outros. Recorrer a lembranças pode "puxar" situações que provoquem conflitos entre o aqui e agora e o lá e antes, para adensar a discussão. É uma forma de coordenador e professores entrarem em contato com os próprios sentimentos em relação à escola, aos alunos e às suas disciplinas. Para ampliar a metacognição, o coordenador pedagógico pode "auxiliar o professor a identificar seus próprios processos cognitivos e os afetos que impregnam sua atuação em sala de aula" (PLACCO; SOUZA, 2006, 58).

Gordon (2001) propõe uma "janela" semelhante à do professor quando discute a questão da liderança. Para ele, líderes eficientes e legitimados são pessoas *experts* em relações humanas e nas tarefas propostas ao grupo ou naquelas que o grupo se propõe; têm *expertise* para resolver problemas e para usar a sabedoria do grupo. Penso no coordenador pedagógico como líder de seu grupo de professores e, como tal, com essas qualidades.

A questão "A quem pertence o problema?" deve ser enfrentada. É importante a compreensão da "pertença do problema" — o problema pertence ao líder, ao grupo ou a ambos? Gordon usa "janelas de comportamentos" para identificar e compreender os problemas, para discuti-los e então chegar a propostas de solução (do líder e do grupo). Segue um de seus diagramas retangulares com exemplos de comportamentos que podem ocorrer nas relações entre coordenador e professores:

A quem pertence o problema?

Comportamentos que indicam que os membros do grupo têm problemas	• Pessoas mudam de lugar quando determinados colegas chegam para sentar-se perto.
Campo sem problema	• O grupo divide entre si as tarefas e as executa tranquilamente.
Comportamentos que me causam problemas	• Comer e/ou atender celular no horário de formação.
Comportamentos que indicam que ambos (líder e grupo) têm problemas	• "Panelinhas" não se integram para alcançar os objetivos do Projeto Político Pedagógico da sua escola.

Considerando o coordenador pedagógico como líder, a questão "A quem pertence o problema?" está diretamente ligada a suas necessidades e às do grupo de professores. Líder e grupo têm uma necessidade comum: sentir-se valorizado, aceito, respeitado. Mas há também necessidades organizacionais para serem cumpridas, que decorrem de normas legais e da própria instituição, bem como de suas funções. O coordenador tem, então, de cuidar das zonas problemáticas (suas e do grupo) para usar seu tempo produtivamente nas tarefas de articulação e formação que lhe competem. O ouvir ativo e a mensagem na primeira pessoa são recursos para ampliar o campo "sem problema", legitimar sua liderança e prevenir conflitos. Mas eles ocorrem, porque fazem parte do viver cotidiano. O conflito aqui é entendido como "[...] enfrentamentos, oposição entre duas ou mais partes, desavenças entre pessoas e grupos, divergências, discordância de ideias, de opiniões" (FERREIRA, 2010).

No diagrama retangular apresentado, os conflitos aparecem principalmente na parte inferior — "comportamentos que indicam que ambos (líder e grupo) têm problemas".

Gordon (2001) apresenta três possíveis modelos para resolver conflitos:

1º) O líder impõe a solução para atingir seus objetivos com decisões unilaterais, autoritárias; exerce uma liderança centrada nele mesmo. Suas necessidades são satisfeitas, mas o uso do poder tem um custo: satisfação para si, ressentimento para o outro.

O diagrama para representar esse modelo seria:

```
        ┌──────┐
        │  EU  │
        └──────┘
  solução ↓  ↑ ressentimento
        ┌──────┐
        │ OUTRO│
        └──────┘
```

2º) O grupo impõe a solução ao líder para obter seus objetivos, que não são os do líder. É um modelo permissivo, que implica submissão ao grupo. A gestão pode parecer suave, mas tem um custo: as necessidades do grupo são satisfeitas, mas trazem ressentimento ao líder, que percebe estar coordenando um grupo não produtivo, não orientado para tarefas, embora com boas relações interpessoais.

O diagrama para representar esse modelo seria:

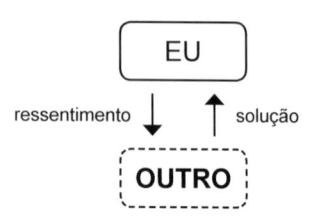

```
        ┌──────┐
        │  EU  │
        └──────┘
ressentimento ↓  ↑ solução
        ┌──────┐
        │ OUTRO│
        └──────┘
```

3º) O terceiro modelo busca transformar o conflito em cooperação, sem perdas para nenhum dos dois lados. O "modelo sem perdas" requer que o líder, que usualmente tem mais poder sobre os membros do grupo, assuma o compromisso de não usar esse poder e faça a comunicação de forma autêntica, respeitosa, empática. Um exemplo dessa atitude:

> Você e eu temos um conflito de necessidades. Eu respeito suas necessidades, mas preciso respeitar as minhas, também. Não quero usar meu poder sobre você, pois eu ganho e você perde, mas não cedo para você ganhar à custa de minha perda. Então vamos achar juntos uma solução que possa satisfazer suas necessidades e também as minhas, sem perdas para ambos (GORDON, 2001, 190).

Começa então um processo de negociação para solução do problema, que passa pelos seguintes passos:
- Identificar e definir claramente o problema.
- Gerar alternativas de solução.
- Avaliar as alternativas propostas.
- Tomar decisões.
- Implementar decisões tomadas.
- Avaliar as decisões implementadas.

O diagrama para representar esse modelo pode ser:

```
           ┌─────────┐
           │   EU    │
           └─────────┘
        ↓  comunicação em mão dupla  ↑
           (sem ressentimento)
           ┌─────────┐
           │  OUTRO  │
           └─────────┘
```

Uma questão não é levantada por Gordon (2001), mas sua proposta me instiga a fazê-lo: os três modelos de resolução de conflitos revelam políticas de relações interpessoais. No caso do "modelo sem perdas", uma política que se revela paradoxal: quando me disponho a abandonar e/ou compartilhar poder, controle, tomada de decisões, eu os obtenho. E, quando isso acontece, líder e grupo, livres de pressões, podem caminhar na direção de descobrir "saberes não sabidos". Delory-Momberger discorre sobre a dificuldade de os saberes que a experiência comporta serem apreendidos, tanto porque são de uma lógica diferente da dos saberes acadêmicos, como porque, "engajados na ação, os indivíduos não dispõem da distância necessária para 'extrair' das experiências e dos episódios de vida com que estão envolvidos os saberes cognitivos ou comportamentais que põem em ação, empiricamente" (2014, 86).

É só quando os indivíduos conseguem identificar e nomear os saberes constituídos na ação que "saberes não sabidos" se transformam em sabidos, e isso se faz à custa de explorar as experiências vividas, em um clima livre de pressões ou ameaças.

4. Considerações finais

> Todo o caminho da gente é resvaloso. Mas, também, cair não prejudica demais — a gente levanta, a gente sobe, a gente volta. Deus resvala? Mire e veja. Tenho medo? Não. Estou dando batalha (GUIMARÃES ROSA, *Grande Sertão: Veredas*).

A apresentação de Thomas Gordon neste capítulo teve um pressuposto: aprender a ouvir e falar com o outro pode melhorar a relação entre as pessoas; relações interpessoais respeitosas entre alunos, professores e gestores favorecem seu desempenho e criam um clima escolar de melhor qualidade.

Por que ouvir é tão importante? As crianças revelam isso com espontaneidade — você ouviu o que eu disse? Você não entendeu nada! Mas os adultos, embora sem explicitação em palavras, sentem o peso de não serem ouvidos e compreendidos. Ser ouvido significa ser levado a sério, significa que suas ideias e sentimentos têm substância para o outro. A resposta do outro, a partir de uma escuta ativa, sensível, valida a autoestima de quem a recebe e promove uma conexão interpessoal que é vital para o bem-estar psicológico. O desejo de ser ouvido e compreendido é um dos motivos mais poderosos do ser humano. "No entanto, muitas vezes essa necessidade é frustrada, pois é mais fácil para o ouvinte agir como intérprete ou juiz e mais difícil agir com empatia, isto é, colocar-se no lugar do outro" (ALMEIDA, 2016, 27).

Por que isso acontece? Porque uma escuta sensível exige esforço: o esforço de, por um momento, deixar de lado as próprias necessidades; o esforço de aceitar que cada um é portador de uma singularidade e que isso faz diferença na forma como expressa seus sentimentos e suas ideias, ou porque se cala (o calar pode ser tão eloquente quanto o dizer); o esforço da atenção acurada para apreender os sentimentos do aluno ou do professor, conforme a situação seja da relação entre professor e aluno ou entre coordenador e professor.

Uma fala inadequada ou um dito em momento inoportuno pode levar à não aceitação da ideia apresentada, ou até a uma ruptura de relacionamento. O ouvir ativo, sensível, dirige para uma fala que atinja o outro, ao expressar um sentimento genuíno, autêntico, empático.

Também não é sempre fácil usar a mensagem na primeira pessoa. Mesmo reconhecendo que surte efeitos positivos, no calor de uma discussão ou na observação de uma situação inusitada, vêm à tona esquemas que foram sendo assimilados durante a trajetória pessoal e profissional. Wallon (1995) expõe isso com clareza, quando afirma que o hábito precede a escolha e que a emoção obnubila a razão.

O programa de capacitação proposto por Gordon enriquece a prática profissional, tanto pela via experiencial como por meio da reflexão sobre princípios que embasam um relacionamento confortável, o que permite ao professor formar novos hábitos, voltados para a área do relacionamento interpessoal.

Anima saber que, se "o caminho da gente é resvaloso", professores e gestores "estão dando batalha" com a intencionalidade de não pisar nos sonhos de seus alunos.

Referências

ALMEIDA, L. R. de. Relações interpessoais potencializadoras do trabalho colaborativo na formação de professores. In: ALMEIDA, L. R. de; PLACCO, V. M. N. de S. (org.). *O coordenador pedagógico e o trabalho colaborativo na escola.* São Paulo: Loyola, 2016, 25-40.

_____. Contribuições da psicologia de Rogers para a educação. Uma abordagem histórica. In: PLACCO, V. M. N. de S. (org.). *Psicologia e educação. Revendo contribuições.* São Paulo: Educ, 2007, 63-96.

BORGES, J. L. *Esse ofício do verso.* São Paulo: Companhia das Letras, 2000.

DELORY-MOMBERGER, C. *Biografia e educação. Figuras do indivíduo-projeto.* Natal: EDUFRN, 2014.

FERREIRA, A. B. H. *Míni Aurélio. O dicionário da Língua Portuguesa.* Curitiba: Positivo, 2010.

GORDON, T. *Teacher Effectiviness Trainning.* Nova York: Peter H. Wyden Publisher, 1974.

_____. *Parent Effectiviness Trainning.* Nova York: McKay, 1977.

_____. *Leader Effectiviness Trainning.* Nova York: The Berkley Publishing Group, revisado e ampliado, ^{25}2001.

GUIMARÃES ROSA, J. *Grande Sertão: Veredas.* Rio de Janeiro: Nova Fronteira, 1985.

JOSSO, M. C. *Experiências de vida e formação.* São Paulo: Cortez, 2004.

MAHONEY, A. A.; ALMEIDA, L. R. de. O ouvir ativo: Recurso para criar um relacionamento de confiança. In: ALMEIDA, L. R. de; PLACCO, V. M. N. de S. (org.). *As relações interpessoais na formação de professores.* São Paulo: Loyola, 2004.

PERRENOUD, P. O trabalho sobre o *habitus* na formação de professores. Análise das práticas e tomada de consciência. In: PERRENOUD, P. et al. *Formando professores profissionais.* Porto Alegre: Artmed, 2001.

PLACCO, V. M. N. S.; SOUZA, V. L. T. (org.). *Aprendizagem do adulto professor.* São Paulo: Loyola, 2006.

ROGERS, C. *Um jeito de ser.* São Paulo: EPU, 1983.

_____. *Liberdade para aprender em nossa década.* Porto Alegre: Artes Médicas, 1985.

VINHA, T. et al. O clima escolar e a convivência respeitosa nas instituições educativas. *Estudos de Avaliação Educacional*, v. 27, n. 64 (2016) 96-127.

WALLON, H. *As origens do caráter na criança.* São Paulo: Nova Alexandria, 1995.

YEATS, W. B. Aedh whishes for the clothes of Heaven. In: YEATS, W. B. *The Wind among the reeds*, 1899.

ZIBAS, D. M. L. *Treinamento de professores em habilidades de relacionamento interpessoal.* Dissertação de mestrado, PUC-SP, 1981.

A legitimação do coordenador pedagógico: duas experiências em foco

Ecleide Cunico Furlanetto[1]
ecleide@terra.com.br

Helena Aparecida Verderamis Sellani[2]
hvsellani@uol.com.br

> *Escrever pode ser, ou é, a necessidade de tocar a realidade que é a única segurança de nosso estar no mundo — o existir.*
>
> (CAMARGO, 2009, 30)

Partimos do pressuposto de que a escola é um espaço híbrido e múltiplo. Lugar de diferenças, lugar de relações e principalmente de aprendizagens. Ela se configura como local de constituição de subjetividades, mesmo que nos documentos da instituição isso não esteja explícito como fim. Nessa perspectiva, torna-se importante retomar o papel do coordenador pedagógico na comunidade escolar, considerando que a ele é atribuída a gestão do projeto pedagógico, incluindo todas as facetas que o compõem.

Admitindo isso, é possível considerar que o coordenador pedagógico é uma figura influente na comunidade escolar e, nessa perspectiva,

---

[1]. Mestre em Psicologia da Educação. Doutora em Educação pela PUC-SP. Professora do programa de pós-graduação em Educação da Unicid.

[2]. Graduada em Pedagogia pela Faculdade de Filosofia, Ciências e Letras de Itajubá, MG. Especialista em Psicologia Junguiana pelo Facis-SP. Mestranda do programa de pós-graduação em Educação da Unicid.

faz-se necessário que ele goze de ampla possibilidade de audiência entre seus pares, gestores, professores e alunos e também aja como elemento integrador entre escola e família. Se o professor exerce uma profissão impossível (PERRENOUD, 1999), o que dizer daquele que desempenha a função de articular as ações educativas na escola como um todo? Ao ouvirmos o CP, é bastante comum a queixa de que o tempo, ou melhor, a falta dele, não permite que suas funções mais caras e fundamentais sejam postas em prática. A famosa expressão "apagar incêndios" é a companheira desse profissional. Mas por quê? Se sua ação é tão importante e impactante, por que esse profissional fica tantas vezes relegado ao papel de bombeiro? Por que as *urgências* tomam o lugar das *importâncias*? (PLACCO, 2003).

Para nos aproximar de uma resposta, talvez seja necessário pensar na legitimação do papel do CP. Que vias levam a isso? Como se constituir coordenador pedagógico? O que legitima seu papel junto à comunidade escolar?

Essas questões nos levaram a revisitar as próprias experiências em busca de indícios de nossa legitimação como coordenadoras. Para isso, inicialmente, retomamos o lugar das experiências e das narrativas no processo de produção e transmissão de saberes nas sociedades contemporâneas; na sequência relatamos e refletimos sobre nossas experiências e, por fim, destacamos alguns pontos que se evidenciaram em nossos relatos.

Experiências e narrativas

Benjamin (1985) alerta que as experiências passaram a ser cada vez menos transmitidas nas sociedades modernas. Contamos com informações, mas não mais com o relato de experiências, como diz Larrosa (2011). Cabe sublinhar que informação não é experiência; essa última torna-se cada vez mais rara em razão do excesso, além de informação, de opinião:

> O sujeito moderno é sujeito informado que além disso opina. É alguém que tem uma opinião supostamente pessoal e supostamente própria e às vezes supostamente crítica sobre tudo o que se passa (LARROSA, 2011, 20).

É possível assistirmos a uma aula, lermos um livro, viajarmos e dizermos que conhecemos algo e, também, afirmarmos que nada nos aconteceu, nada nos afetou (LARROSA, 2002). Logo:

> É ex-periência aquilo que "nos passa", ou que nos toca, ou que nos acontece, e ao nos passar nos forma e nos transforma. Somente o sujeito da experiência está, portanto, aberto à sua própria transformação (LARROSA, 2002, 26).

Benjamim (1985) enfatiza que a experiência é o elo que liga o presente ao passado e ao patrimônio cultural transmitido pelas gerações mais velhas às mais novas, de modo que os mais jovens delas se apropriem para tecer suas próprias experiências. Para que isso ocorra, no entanto, é necessária a figura do narrador: aquele capaz de narrar experiências e inserir em suas narrativas um conhecimento que pode ser útil ao ouvinte. Para o autor, nas sociedades modernas esse papel tornou-se cada vez mais raro, pois o homem moderno levado para as fábricas e para as guerras tinha pouco a contar, ou o que tinha para dizer era desagradável e, portanto, poucos estavam disponíveis para ouvir.

Para Dewey (1959, 199), "a experiência não é coisa rígida e fechada; é viva e, portanto, cresce". Atividade não é sinônimo de experiência; para o autor, é importante que o pensamento reflexivo entre em jogo a fim de que a experiência se constitua. Para que haja experiência, é necessário, além de reflexão, estarem presentes a liberdade, o desejo e a necessidade de conhecer e de interagir com o que nos cerca.

> Se alguém perguntar o que significa experiência nesse sentido, minha resposta é que se trata daquela interação livre dos seres humanos individuais com as condições que os cercam, especialmente o meio humano, que desenvolve e satisfaz necessidade e desejo aumentando o conhecimento das coisas como elas são. O conhecimento das condições tais como são é a única base sólida de comunicação e compartilhamento; qualquer outra comunicação significa sujeição de algumas pessoas à opinião pessoal de outras pessoas. Necessidade e desejo — dos quais crescem propósito e direcionamento de energia

— vão além do que existe e, portanto, vão além do conhecimento, além da ciência. Eles continuamente abrem o caminho rumo ao futuro inexplorado e inatingível (DEWEY, 2008, 7).

Para que as experiências possam ser comunicadas, é necessário que sejam narradas. Logo, as narrativas se apresentam como uma possibilidade de organizar e atribuir sentido à experiência humana. Surgirá uma narrativa quando o humano sentir necessidade de comunicar, refletir e ressignificar suas experiências. Bruner (2001) afirma que a narrativa é, ao mesmo tempo, organizadora da cultura e estruturante da vida do indivíduo, mas sua potencialidade depende do trabalho reflexivo: "a narrativa precisa ser produzida, lida, analisada, sentida e discutida" (BRUNER, 2001, 45). O autor afirma que a narrativa é a forma primordial pela qual organizamos "nossa experiência e nosso conhecimento" (BRUNER, 2001, 117) e ressalta que "o 'motivo' da narrativa é resolver o inesperado, eliminar a dúvida do ouvinte ou, de alguma forma, corrigir ou explicar o desequilíbrio que, antes de mais nada, fez com que a história fosse contada" (BRUNER, 2001, 119).

A primeira narrativa

Iniciei minha atuação profissional com professora da antiga 3ª série, atualmente 4º ano do Ensino Fundamental. Era recém-formada em Pedagogia e supunha estar preparada para enfrentar os desafios da sala de aula; no entanto, logo constatei que os conhecimentos de que dispunha não eram suficientes. Minhas ideias pedagógicas, pautadas nos ideais construtivistas, pareciam não ser compreendidas por meus alunos, que diante de uma maior liberdade de atuação se desorganizavam.

Lembro-me de um sonho que tive nessa ocasião. Estava em uma praia com meus alunos e nos encontrávamos no local da arrebentação das ondas. Eu tentava protegê-los, pois temia que a força das ondas os afogasse, socorria alguns, enquanto outros pareciam desaparecer no mar. Acordei assustada e considerei esse sonho uma metáfora representativa de minha primeira experiência como professora. Eu me sentia em uma zona perigosa em companhia de meus alunos, tentando cuidar deles, mas sem saber muito bem como fazer isso.

Aos poucos, fui descobrindo como atuar em sala de aula para garantir uma certa ordem, na qual a liberdade de expressão pudesse se articular, em vez de se opor, ao trabalho produtivo em sala de aula. Cabe salientar que isso só foi possível por causa de uma reflexão contínua sobre o que ocorria em sala de aula e de parcerias que estabeleci no contexto da escola — inicialmente, com a coordenadora pedagógica que me auxiliou a organizar meus planejamentos e a definir as sequências didáticas que dariam sustentação à minha prática; depois com a orientadora educacional, com quem pude expressar minhas ansiedades de professora iniciante. Além de contar com o auxílio da equipe técnica, encontrei em outra professora uma companheira com quem pude trocar experiências e refletir sobre elas.

Ao retomar o papel da parceria no início de minha atuação profissional, aproximo-me de Foerste (2005), que considera a parceria uma prática sociocultural que se delineia como possibilidade de superar a racionalidade burocrática nos processos de formação. Ela pode se constituir em uma alternativa de formação que traça uma bifurcação no caminho das propostas instituídas e possibilita, a quem se encontra nesse processo, escolher seus próprios traçados.

Procurando atuar em uma escola que estivesse mais de acordo com minhas referências pedagógicas, busquei uma nova instituição e novamente me vi atuando na 3ª série, em uma escola pertencente a rede particular de ensino, situada na Zona Sul da cidade de São Paulo. Ela atendia por volta de oitocentos alunos, da escola infantil ao ensino médio. Além da equipe de direção, contava com uma equipe técnica, composta de coordenadores que acumulavam as funções educacionais e pedagógicas e com os assessores de área: Português, Matemática, Ciências, Estudos Sociais e Artes. Os alunos eram de classe média, em sua maioria moradores do próprio bairro ou de bairros próximos. Na época a escola se organizava com base em uma proposta inovadora pautada no construtivismo, e a maioria das famílias que a procuravam comungava dos ideais que mobilizavam os educadores da escola: construir uma nova maneira de ensinar e aprender, mas, também, como nós, educadores, algumas vezes eram acometidas por inseguranças, o que demandava um esforço enorme dos gestores e professores para acolher e criar condições para que a comunidade escolar se sentisse segura diante das novas experiências pedagógicas.

Houve uma reorganização da equipe de coordenadores pedagógicos e fui convidada a assumir a coordenação das séries intermediárias do ensino fundamental. O primeiro desafio que enfrentei, ao assumir a nova função, foi construir outra identidade profissional. Anteriormente, eu me situava no grupo como professora e, a partir desse lugar, estabelecia relações com os alunos, com meus pares, com a equipe gestora e com as famílias. Ao assumir a coordenação, houve um deslocamento do lugar que ocupava na comunidade escolar, o que afetou as relações até então estabelecidas.

Deixei de ter contato diário com os alunos. Os que passaram a frequentar com mais assiduidade minha sala eram os encaminhados pelos professores que apresentavam alguma inadaptação ao processo pedagógico. Minha relação com as famílias, que anteriormente se dava nas reuniões de pais, passou a ocorrer também em reuniões particulares para tratar especificamente de algum aluno. Ocorreu, ainda, um distanciamento de meus antigos pares; observei que alguns não me consideravam mais "um dos seus", enquanto outros esperavam que eu me tornasse uma representante do grupo dos professores na equipe gestora e dessa forma atendesse prontamente às suas solicitações. Verifiquei que necessitava rever as relações estabelecidas com os professores e que as novas parcerias não podiam se sustentar apenas na camaradagem, mas deveriam incluir relações profissionais que demandavam conhecimentos relativos à nova função. Passei a integrar a equipe gestora e de experiente passei a ser inexperiente.

Senti-me no limbo, não era mais professora, mas ainda não me sentia coordenadora, e novamente foi necessário recomeçar. Essa situação pode desestabilizar o coordenador iniciante e até fazê-lo se sentir em crise, considerando que normalmente as crises são desencadeadas por acontecimentos que geram rupturas e descontinuidades (FURLANETTO, 2012). Para Boutinet (1999), a crise incita uma incerteza existencial ao introduzir no tempo vivido a descontinuidade em consequência de acontecimentos internos e externos provocados por um contexto desestabilizador. No caso do coordenador, a descontinuidade, provocada pela mudança de função, exige a construção de uma nova identidade profissional, e para esse novo recomeço é necessário que o coordenador busque recursos para se validar no novo lugar que passa a ocupar.

Como professora, eu tinha construído um saber pautado em conhecimentos teóricos articulados a minhas experiências. Esse saber me validava como uma boa professora, capaz de lidar com os desafios da sala de aula. No entanto, a nova função demandava novos repertórios que ainda não possuía. Como me apropriar desses novos saberes? Necessitava de formação para exercer a nova função. Tinha frequentado a habilitação em Orientação Educacional ao cursar Pedagogia, mas os conhecimentos que havia adquirido na formação inicial não eram suficientes para o exercício da nova função. Segundo Placco, Souza e Almeida (2012), os mesmos problemas e lacunas encontrados na formação inicial, no que se refere à formação do coordenador, se repetem na formação continuada e se configuram como obstáculos para a atuação do coordenador. Projetos específicos para a formação do coordenador pedagógico são raros e insuficientes, ficando a cargo do próprio coordenador traçar seu caminho de formação. Para alguns, essa falta pode ser considerada um obstáculo; porém, para outros pode se transformar em um desafio a ser enfrentado, o que implica assumir seu processo formativo.

Prontamente, constatei que não poderia somente me apoiar em textos ou livros, pois havia uma distância entre aquilo de que eles tratavam e as perguntas que a nova prática propunha; era necessário encurtá-la. Mais uma vez, eu me vi estimulada a buscar novas parcerias, necessitava contar com a colaboração de outros mais experientes. Como já tinha tido a oportunidade de trabalhar em escolas que contavam com coordenadores pedagógicos, inicialmente apoiei-me nos modelos de coordenador que conhecia.

Em estudos anteriores, pude constatar que os processos de identificação são responsáveis por parte significativa da atuação dos docentes. Estes, quando ouvidos em pesquisas, relatam que costumam referendar suas práticas em modelos pedagógicos que internalizaram durante suas trajetórias. Denominei esses modelos de matrizes pedagógicas (FURLANETTO, 2005, 2007). Elas se constituem em núcleos dos quais emanam gestos e ações que não se pautam exclusivamente em conhecimentos obtidos em processos de aprendizagem que, inúmeras vezes, por não terem adquirido sentido, são prontamente esquecidos, após perderem suas funções imediatas. As matrizes pedagógicas se instituem com base em experiências — aquilo que nos toca e afeta, como nos diz Larrosa (2002), e pautam-se em aprendizagens que tiveram por pano de fundo a liberdade, o desejo e a necessidade, como afirma Dewey (2008).

Esses modelos foram de vital importância; inicialmente direcionaram minhas buscas e me permitiram viver novas experiências de aprendizagem. Algumas vieram ao encontro deles, referendando-os e complementando-os, enquanto outras os contestaram, provocando desestruturações e mudanças. Importa assinalar, no entanto, que os modelos internalizados em nossas trajetórias não são suficientes para alicerçar uma prática; é necessário que sejam constantemente revistos. A própria prática faz que isso aconteça, ao impor novas questões.

Com base nas parcerias, dei continuidade a minha trajetória de formação, aprendi a estar de maneira atenta e comprometida com os alunos, com os professores, com meus pares, com os assessores, com os diretores e, também, com os pais. Com cada um, pude aprender algo, mas, a meu ver, não o suficiente. Havia um desejo e uma necessidade de dar mais consistência a minha prática e, caminhando nessa direção, fui em busca da colaboração de profissionais mais experientes e sem vínculo com a escola em que trabalhava e descobri o espaço da supervisão. Vou me deter na supervisão, por ela ter tido grande importância em meu processo de legitimação e formação. Considero a supervisão[3] um processo dialógico vivido por um profissional mais experiente e um profissional em formação. Por já ter supervisionado profissionais mais jovens, acredito ser importante sublinhar que a troca de experiências, a reflexividade e a busca de novas referências pertinentes a esse processo provocam transformações, não só em quem busca a supervisão, como também naquele que supervisiona. Alarcão e Tavares (2003), pautados em Minatzberg (1995) perspectivavam a supervisão como:

> uma visão de qualidade, inteligente, responsável, experiencial, acolhedora, empática, serena e envolvente de quem vê o que se passou antes, o que se passa durante e o que se passará depois,

---

3. Estamos nos referindo não ao supervisor escolar, profissional atuante em muitas redes públicas de ensino, mas ao profissional que atende particularmente outros profissionais para colaborar em sua formação. A supervisão pode ser contratada pela escola ou por um profissional em particular; pode ser individual ou em grupo.

ou seja, de quem entra no processo para o compreender por fora e por dentro, para o atravessar com o seu olhar e ver para além dele numa visão prospectiva baseada num pensamento estratégico (ALARCÃO; TAVARES, 2003, 64).

De certa forma, a citação acima explicita a vivência que tive nos espaços de supervisão. Nesses espaços, com o auxílio de outros profissionais, busquei olhar para minhas experiências e para as dos outros de diferentes ângulos de visão, atravessá-las com base na reflexividade e ir em busca de novas referências. Participei de supervisões na própria escola, direcionadas para a equipe técnica, e também procurei algumas, por conta própria, focadas principalmente nas questões da aprendizagem.

Cabe destacar que, ao assumir a coordenação, meu processo de autoformação foi intensificado. Ao rever minha trajetória, ficou explícita a necessidade de construir um saber singular, fruto de um diálogo entre as minhas experiências, as dos mais experientes e o conhecimento sistematizado necessário para aprofundar a reflexão sobre o vivido. Com base nesse saber, pude sair do lugar do que "apaga incêndios" e construir um espaço próprio de atuação que me permitiu agir, e não somente reagir diante dos desafios impostos pelo cotidiano. Foi possível, em parceria com os diferentes profissionais da escola, participar da constante definição do projeto pedagógico da escola que incluía como um de seus mais importantes itens a formação continuada dos professores. Finalizo afirmando que a tentativa de construir um saber próprio guiou meu processo de legitimação como coordenadora, e eu precisei estar com vários outros para construí-lo.

A segunda experiência

Como a maioria dos coordenadores pedagógicos, não comecei exercendo essa função. Era professora e digo que iniciei minha vida de professora ainda enquanto fazia o curso de magistério, como estagiária voluntária. Passava o dia todo na escola. De manhã frequentava as aulas, à tarde auxiliava as professoras e a coordenadora pedagógica no que fosse preciso. A escola de 2º grau contava com quatro turmas de ensino fundamental I, de 1ª a 4ª série. Esse conjunto de classes era chamado de "escola modelo", pois servia de laboratório para as turmas de magistério. As salas eram amplas e atendiam de 25 a 30 crianças. Tinham enormes bancos no fundo para que as professorandas, como éramos chamadas, pudessem se sentar e observar as aulas das experientes professoras que trabalhavam lá.

Como estagiária, eu confeccionava material didático, auxiliava alunos com dificuldades, acompanhava os intervalos e, sobretudo, aprendia com a coordenadora a fazer planejamentos. Essa experiência impactou bastante minha vida profissional. Espelhei-me muito naquela coordenadora, que era rigorosa e organizada. Ela mantinha sempre impecáveis seus registros: objetivos bem definidos, cronogramas e orientações didáticas, confirmando assim sua crença na importância de planejar. A escola, estadual, era bem conceituada, e muitos enfrentavam filas para ter a chance de seus filhos estudarem nela. Grande parte do sucesso da escola, acredito, se devia ao rigor e ao cuidado com que a coordenadora atuava junto às professoras.

Depois de terminar o curso de magistério, ingressei como professora naquela mesma escola estadual e assumi minha primeira turma de 1ª série. Acompanhei o grupo por quatro anos consecutivos. Paralelamente, iniciei a faculdade de Pedagogia e comecei a trabalhar em uma escola particular de orientação construtivista, dando aulas na educação infantil. Foi um tempo de muito aprendizado: nós nos reuníamos para estudar e planejar projetos e aulas e, para isso, consultávamos Piaget, Vygotsky, Wallon, Freire. Estavam postas as condições para articularmos nossas práticas às teorias estudadas. Vivi assim meus primeiros anos de docência em Minas Gerais, lecionando para turmas de educação infantil e ensino fundamental.

Aos 24 anos, já graduada, casada e com uma filha, mudei-me de cidade e me vi diante da possibilidade de assumir a coordenação pedagógica de uma escola pequena. Aceitei, sem saber que ali se iniciava minha verdadeira paixão profissional. Quando me vi, tão nova, em frente a um grupo que eu não conhecia, formado inclusive por professoras mais experientes que eu, senti-me insegura. Apesar de minha sólida formação, havia a necessidade de continuar aprendendo para exercer aquela nova função.

Acreditava que aquele rigor que aprendera com minha antiga supervisora era necessário, e ainda acredito, porém pressentia que faltava algo. Já tinha ouvido que a legitimação de um profissional se fazia pela via do conhecimento e concordava com essa afirmação, mas pressentia que existiam outras dimensões que poderiam ser exploradas, combinadas a essa via.

Intuía que era preciso olhar para a dimensão da experiência. Busquei Dewey, educador estadunidense, que influencia há várias décadas educadores do mundo todo. Suas ideias chegaram ao Brasil pelas mãos de Anísio Teixeira, que se tornou estudioso de suas obras. Ele afirma que, de acordo com Dewey, educação é um "processo de reconstrução e reorganização da experiência, pelo qual lhe percebemos mais agudamente o sentido, e com isso nos habilitamos a melhor dirigir o curso de nossas experiências futuras" (TEIXEIRA, 1973, 17).

Nessa perspectiva, a educação é encarada como "emancipação e alargamento da experiência" (DEWEY, 1959, 199). Mas o que uma recém-formada de 24 anos poderia acrescentar com suas parcas experiências de vida e de educação? Percebi que eram as experiências dos professores e do grupo que precisavam ganhar destaque, de modo que assim pudéssemos juntos traçar nosso caminho. Para isso, foi necessário recolher nossas experiências por meio de registro.

Lembro-me com saudade de uma primeira tentativa de autoria. Escrevi um texto para o grupo que intitulei de "Papéis de bala e recordações". Ele tratava, de maneira bastante simples, da importância do registro como instrumento de formação docente e processos de autoria do professor. Guardo uma cópia com carinho até hoje.

Cecília Galvão (2005) destaca três potencialidades da narrativa: processo de investigação, processo de reflexão sobre a educação e processo de formação de professores. Valendo-me naquele momento das narrativas como estratégia formativa, tentei criar condições para que o grupo de professores pudesse se reconhecer a partir de seus registros e dessa forma refletir e aprender. Propus, então, a escrita de sínteses sobre os encontros formativos, feitas por um integrante a cada semana. Em princípio, a proposta não agradou muito, gerou certa insegurança. Nos espaços educativos, a sombra da avaliação que subjuga ainda persiste, e naquele momento ela se estendeu com muita força. Aos poucos, o grupo foi entendendo os objetivos da proposta, entre os quais não constava a avaliação docente, e passou a realizar a atividade com maior fluidez.

Os registros desse grupo eram bastante descritivos, com alguns rasgos reflexivos aqui e ali, que eu aproveitava para ampliar nos encontros que tínhamos. É claro que hoje, vinte anos depois, relendo as narrativas que ainda guardo, percebo que me faltavam muitas referências teóricas para explorar em maior profundidade a potência do material. Cabe salientar, no entanto, que a estratégia serviu muito bem ao objetivo maior: consolidar um grupo com base em suas próprias experiências. Entendia que, dessa forma, uma novata, recém-chegada e recém-formada, poderia estabelecer vínculos que permitissem o compartilhamento de uma proposta de atuação e formação naquela escola.

A estratégia formativa escolhida supunha uma relação mais horizontal do que vertical e foi se revelando interessante à medida que possibilitava o emergir de um grupo. Segundo Madalena Freire (2014), longe de ser apenas um certo número de pessoas reunidas para realizar algo, um grupo

> é o resultado da dialética entre as histórias dos indivíduos com seus mundos internos, suas projeções e transferências (movimento vertical), no suceder da história da sociedade em que estão inseridos (FREIRE, 2014, 103).

Dewey (2008) salienta em sua obra a importância da democracia para a educação; e eu completo: para a formação. Fui descobrindo que as ações de formação docente coordenadas pelo CP no interior das escolas são mais efetivas quando rompem com os processos lineares de transmissão de teorias e metodologias e vão além, atingindo níveis de relação interpessoal mais profundos que possibilitam movimentos reflexivos genuínos a partir do contar, recontar e do pensar suas próprias experiências. Dessa forma, minha atuação como CP passou a basear-se na convicção de que a injunção "construção de grupo e trabalho com narrativas" poderia ser um caminho formativo docente bastante potente, visto que o adulto professor pode participar de sua própria formação.

Alguns anos depois, deixei este meu primeiro grupo e assumi, em outra cidade, um novo grupo no qual novamente eu era uma estranha. Mais uma vez, a proposta das narrativas foi importante para iniciar a construção de vínculo. No entanto, um pouco mais experimentada em tal prática, sentia que era preciso, antes, estabelecer um território em que as narrativas e textos de autoria pudessem ser desmistificados e valorizados como formas de produção de um saber próprio. Assim, optei por iniciar, nosso trabalho, apresentando minhas narrativas de formação ao grupo. Este movimento de desnudar-se diante do outro por meio da escrita não é fácil, mas foi essencial vivenciá-lo, pois desnudar-se gera cumplicidade. Ao fazer isso, todos se colocam em uma condição tão humana e falível que as relações passam a se estabelecer com mais verdade. A ideia de que para escrever é preciso ter vivido grandes acontecimentos que valham a pena ser relatados foi sendo contestada. Os acontecimentos que nos marcaram, grandes ou pequenos, transformam-se em experiências ao serem contados e significados. Cora Coralina, a poetisa tardia, nos mostra a importância das pequenas coisas no poema Meu amigo:

> O maior valor dos meus livros.
> Poucos. Escritos no tarde da vida:
> a exaltação à minha escola primária,
> a sombra da velha Mestra,
> a bolacha da minha bisavó,
> as broinhas da tia Nhorita,
> a sabedoria de meu avô,
> um canto de galo, um cheiro de curral,
> o arrulho da juriti,
> resumindo tudo no carreiro Anselmo (CORALINA, 2008, 285).

Ela nos ensina, com singeleza ímpar, que lançar um olhar para a simplicidade da vida e extrair dela valor é a tarefa de quem se propõe escrever.

Com base na experiência de narrar, mais uma vez, os processos de constituição de grupo foram se configurando e ganhando estrutura para comportar a reflexão sobre as experiências. Logo se constatou que o grupo necessitava de mais lastro teórico. Assim, os registros ganhavam contornos de narrativas de um grupo de estudos, possibilitando uma maior compreensão das teorias estudadas e sua articulação com a prática.

Por fim, em minha mais última e recente experiência como CP, quando assumi um grupo conhecido, já que havia atuado como professora naquela escola e passava a assumir a coordenação, o processo foi diferente, embora minha opção pela constituição do grupo, tendo como fio condutor as narrativas, se mantivesse cada vez mais consolidada por minhas experiências e pela busca de aprofundamento teórico sobre o tema. Outra vez a proposta para que o grupo registrasse as narrativas de suas experiências pedagógicas (SUÁREZ, 2008, 2010) foi feita. Apresentei ao grupo o Caderno de Narrativas de meu primeiro grupo, com registros bastante antigos. Deixei que lessem e se transportassem para aquele tempo e lugar. Essa viagem sensibilizou o grupo, que se identificou com as antigas autoras que manifestavam dificuldades e desejos muito similares aos delas. Viram a possibilidade de se perpetuarem como sujeitos que têm uma história escrita, o que amplia o sentimento de pertencimento e de participação social. Desafio aceito, esse foi o grupo que melhor usufruiu a potência das narrativas enquanto possibilidade de pesquisa-formação-ação e, sobretudo de constituição de grupo.

Em um processo de constituição de grupo, muitos fatores entram em cena, desde o espaço físico destinado aos encontros, passando pela pauta, até o acolhimento às manifestações de afago e afeto que podem surgir: comidinhas e mimos. O encontro torna-se um ritual determinante para a constituição e manutenção do grupo. A produção e a análise das narrativas de formação tomaram parte do ritual desse grupo, permitindo a ampliação da proposta. Como formadora, sentia-me também mais experiente para mediar o grupo por meio das narrativas, por isso arrisquei-me a ampliar a proposta inicial de um caderno de registro coletivo do grupo. Presenteei cada integrante com um caderno individual, para que narrassem, livremente e sem periodicidade definida, o que sentissem necessidade, aceitando ou não minhas provocações para a escrita.

Diversos autores, como Passeggi (2006a, 2006b, 2011), Sá-Chaves (2005), Josso (2010) e Suárez (2008, 2010), entre outros, preconizam a importância das escritas de si, dos relatos de formação ou dos registros autobiográficos como possibilidade de formação, na medida em que permitem "evidenciar o fluir dos processos subjacentes ao modo pessoal como cada qual se apropria singularmente da informação, reconstruindo o seu conhecimento pessoal prévio [...]" (SÁ-CHAVES, 2005, 9).

Ao longo do meu percurso como coordenadora pedagógica, a escrita, sob a forma de narrativas, seja de grupos ou individuais, estejam elas agrupadas sob esta ou aquela nomenclatura, sempre foi o fio que possibilitou a tessitura da trama grupal. As teorias que durante o trajeto foram se articulando às experiências vividas revelaram que o ser humano pode se assumir formador de si mesmo. Quem se assume por meio da escrita define-se em relação ao outro e à coletividade, de modo muito mais autônomo, consciente e livre. Nessa perspectiva, a escrita pode libertar quem escreve de suas próprias prisões, amarras e algemas e conferir-lhe outros contornos. E ainda: ao narrar-se, o indivíduo se sente participando da própria vida. Isso significa adquirir consciência de seu estar no mundo, do existir com base na luta diária, mas, também e sobretudo, por meio da história contada que organiza e dá sentido à "vida vivida".

Digo que nunca deixei de ser professora. Essa é minha formação, e tenho orgulho dela, mas também nunca usei a expressão "estou coordenadora". Acredito que esta não seja uma possibilidade. Estar e ser são condições bastante diferentes. Por isso, dizia e digo: sou coordenadora pedagógica. Ser é assumir-se diante dos desafios que se impõem. Ser é estar aberto para que as experiências aconteçam e nos passem, não apenas passem. E por meio da escrita me vejo e me defino como profissional da educação, como professora e como coordenadora pedagógica.

Considerações em aberto

O texto teve início com base na proposta de duas profissionais que já exerceram a função de coordenadoras pedagógicas de refletir sobre suas experiências em busca de indícios dos processos de legitimação do coordenador pedagógico. Um primeiro olhar sobre as narrativas permitiu observar que não existe uma única maneira de o coordenador se legitimar em sua função; cada trajetória vai se configurando ao ser vivida e delineando o contorno de cada profissional.

Todavia, um olhar mais apurado permite estabelecer algumas aproximações e detectar alguns movimentos que, de forma singular, foram tecidos por ambas. Iniciaram suas carreiras profissionais como professoras, o que deve ocorrer com a maioria dos coordenadores, no entanto muito cedo tornaram-se coordenadoras, e diante do novo desafio surgiu a insegurança, mas também a vontade de construir uma nova identidade profissional, um processo que demandou o tempo longo da experiência, e não o encurtado da informação. Para que isso se tornasse possível, assumiram e desenharam sua própria trajetória formativa, um desenho que foi sendo realizado durante o processo — não é possível se antecipar a ele. O jogo entre experiência e conhecimento foi sendo jogado cotidianamente e possibilitou o surgimento de saberes singulares, articulando experiência e conhecimento.

Para dar início ao percurso, inicialmente se apoiaram nos modelos internalizados nos contextos das relações que estabeleceram, como professoras, com outras coordenadoras, mas logo perceberam que seria necessário ampliar seus repertórios. Ambas se sentiram impelidas a estabelecer parcerias, salientando dessa forma a importância dos outros nos processo de aprendizagem e formação.

O mesmo olhar apurado que permitiu detectar algumas aproximações possibilitou também sublinhar alguns distanciamentos. A primeira narradora descreve com mais detalhes a passagem de professora para coordenadora que se deu em uma mesma escola, salientando algumas tensões que se instalaram nesse processo — devidas principalmente a mudanças nas relações estabelecidas no contexto da escola, como também à falta de repertório para se situar nessa nova posição. Destaca a importância das inúmeras parcerias estabelecidas no caminho, focando com mais atenção na supervisão, e por fim considera a busca por um saber próprio o fio condutor de seu processo de legitimação.

A segunda centrou sua narrativa em experiências de constituição de grupos formativos e mostrou como se constituiu coordenadora nos grupos, junto com os professores que coordenava. O registro, inicialmente descritivo e orientado pela coordenadora, presente no primeiro grupo formativo, foi se movimentando e se transformando em narrativas livres e pessoais na última experiência narrada. A escrita aparece como fio condutor de seu processo de legitimação.

Experiências e narrativas ganharam destaque neste texto, foram vividas, exploradas e teorizadas e conduziram a pensar que a experiência é pessoal, pertence ao sujeito que a vive, portanto cada narrativa é única e revela uma trajetória singular, um modo próprio de se constituir coordenador, desenhado no contexto em que cada um atua.

Referências

ALARCÃO, I.; TAVARES, J. *Supervisão da prática pedagógica. Uma perspectiva de desenvolvimento e aprendizagem.* Coimbra: Almedina, ²2003.

BENJAMIN, W. *Obras escolhidas*, vol. 1: *Magia e técnica, arte e política*. São Paulo: Brasiliense, 1985.

BOUTINET, J. P. *L'immaturité de la vie adulte*. Paris: Universitaires de France, 1999.

BRUNER, J. *A cultura da educação*. Porto Alegre: Artmed, 2001.

CAMARGO, I. *Gaveta dos guardados*. Organização e apresentação de Augusto Massi. São Paulo: Cosac Naify, 2009.

CORALINA, C. Meu amigo. In: DENÓFRIO, D. F. (org.). *Melhores Poemas. Cora Coralina*. São Paulo: Global, 2008.

DEWEY, J. *Como pensamos. Como se relaciona o pensamento reflexivo com o processo educativo (uma reexposição)*. Trad. Haydée de Camargo Campos. São Paulo: Nacional, ³1959. [Texto originalmente publicado em 1910].

_____. *Vida e educação*. Trad. Anísio Teixeira. São Paulo: Melhoramentos, ⁸1973; Porto Alegre: Artmed, 2006.

_____. Democracia criativa. A tarefa diante de nós. In: FRANCO, A. de; POGREBINSCHI, T. (org.). *Democracia cooperativa. Escritos políticos escolhidos por John Dewey: 1927-1939*. Porto Alegre: EDIPUCRS, 2008, 135-142.

FOERSTE, E. *Parceria na formação de professores*. São Paulo: Cortez, 2005.

FREIRE, M. *Educador/educa a dor*. São Paulo: Paz e Terra, 2014.

FURLANETTO, E. C. Matrizes pedagógicas e formação de professores. *Cadernos*, v. 11, n. 3 (2005) 11-16.

_____. *Como nasce um professor? Uma reflexão sobre o processo de individuação e formação*. São Paulo: Paulus, ³2007.

_____. Os processos de construção identitária docente: a dimensão criativa e formadora das crises. *Form. Doc.*, Belo Horizonte, v. 04, n. 07 (jul./dez. 2012) 115-125. Disponível em: http://formacaodocente.autenticaeditora.com.br

GALVÃO, C. Narrativas em educação. *Ciência e Educação*, Lisboa, v. 11, n. 2 (2005) 327-345.

JOSSO, M.-C. As narrações do corpo nos relatos de vida e suas articulações com os vários níveis de profundidade do cuidado de si. In: ABRAHÃO, M. H. M. B.; VICENTINI, P. P. (org.). *Sentidos, potencialidades e usos da (auto)biografia*. São Paulo: Cultura Acadêmica, 2010, 171-191.

LARROSA, J. Notas sobre a experiência e o saber de experiência. *Revista Brasileira de Educação*, n. 19 (2002) 20-28.

_____. Experiência e alteridade em educação. *Reflexão e Ação*, v. 19, n. 2 (2011) 4-27.

MINATZBERG, H. Strategic thinking as "seeing". In: GARRAT, B. *Developing strategic thought rediscovering the art of directio-giving*. Nova York: MacGraw-Hill, 1995.

PASSEGGI, M. da C. A formação do formador na abordagem autobiográfica. A experiência dos memoriais de formação. In: SOUZA, E. C. de; ABRAHÃO, M. H. M. B. (org.). *Tempos, narrativas e ficções. A invenção de si*. Porto Alegre: EDIPUCRS; Salvador: EDUNEB, 2006a, 203-218.

_____. Injunção institucional e sedução autobiográfica. As faces autopoiética e avaliativa dos memoriais. In: BARBOSA, T. M. N.; PASSEGGI, M. da C. (org.). *Memorial acadêmico. Gênero, injunção institucional, sedução autobiográfica*. Natal: EDUFRN, 2011, 19-39.

_____ et al. Formação e pesquisa autobiográfica. In: SOUZA, E. C. de; ABRAHÃO, M. H. M. B. (org.). *Autobiografias, histórias de vida e formação*. Porto Alegre: EDIPUCRS; Salvador: EDUNEB, 2006b, 257-268.

PERRENOUD, P. *Formar professores em contextos sociais em mudança. Prática reflexiva e participação crítica*. Trad. Denice Barbara Catani. Faculdade de Psicologia e Ciências da Educação, Universidade de Genebra, 1999.

PLACCO, V. M. N. de S. O coordenador pedagógico no confronto com o cotidiano da escola. In: ALMEIDA, L. R. de; PLACCO, V. M. N. de S. (org.). *O coordenador pedagógico e o cotidiano da escola*. São Paulo: Loyola, 2003, 47-60.

_____; SOUZA, V. L. T. de; ALMEIDA, L. R. de. O coordenador pedagógico. Aportes à proposição de políticas públicas. *Cadernos de Pesquisa*, v. 42, n. 147 (2012) 754-771.

SÁ-CHAVES, I. (org.). *Os "portfólios" reflexivos (também) trazem gente dentro. Reflexões em torno do seu uso na humanização dos processos educativos*. Porto: Porto Editora, 2005.

SUÁREZ, D. Documentación narrativa de experiências pedagógicas: indagación--formación-acción entre docentes. In: PASSEGGI, M. da C. (org.). *Invenções de vidas, compreensão de itinerários e alternativas de formação*. São Paulo: Cultura Acadêmica, 2010.

_____. A documentação narrativa de experiências pedagógicas como estratégia de pesquisa-ação-formação de docentes. In: PASSEGGI, M. da C. (org.). *Narrativas de formação e saberes biográficos*. São Paulo: Cultura Acadêmica, 2008, 103-121.

TEIXEIRA, A. Prefácio. In: Dewey, J. *Vida e educação*. Trad. Anísio Teixeira. São Paulo: Melhoramentos, [8]1973, 7-41.

Formação continuada com equipes técnico-pedagógicas: desafios diante da implantação do Programa Mais Educação São Paulo

Cristovam da Silva Alves[1]
cristovam-alves@uol.com.br
Deborah Dantas Behrmann Mineo[2]
deborahsayar@uol.com.br
Lucimeire Cabral de Santana[3]
lucimeirecsf@gmail.com

Este artigo relata uma experiência formativa desenvolvida durante o ano de 2015 na Diretoria Regional de Educação de Guaianases — PMSP/SME. As equipes técnico-pedagógicas das escolas envolvidas haviam manifestado a necessidade de rever os conceitos de *currículo integrador, autoria, docência compartilhada e interdisciplinaridade* em uma perspectiva para além dos consensos, assim como reexaminar as práticas cotidianas, distinguindo o que já era realizado e que agora recebia uma nova roupagem em razão da implantação do Programa Mais Educação São Paulo.

A formação continuada se propunha possibilitar o aprofundamento dos conceitos escolhidos, trocas de experiências e análise de

---
1. Professor doutor substituto na EFLCH da Unifesp.
2. Professora especialista em Alfabetização e supervisora escolar na SME/DRE-G.
3. Professora graduada em Pedagogia e supervisora escolar na SME/DRE-G.

práticas com base no respeito às culturas e histórias de cada lugar envolvido, possibilitando aos participantes o desenvolvimento de autonomia teórica e prática para encaminhar processos de formação continuada com as equipes docentes sob sua coordenação.

1. Introdução

A implantação do programa de reorientação curricular e administrativa, ampliação e fortalecimento da Rede Municipal de Ensino de São Paulo, denominado Programa Mais Educação São Paulo, em 2014, demandou para o os docentes e equipes técnicas de escolas e órgãos regionais e centrais a necessidade de rever conceitos e pensar concepções em uma perspectiva para além dos consensos, assim como reexaminar as práticas cotidianas, distinguindo o que já era realizado, e que agora recebia uma nova roupagem, das novas formas de conceber essas mesmas práticas em perspectivas diferenciadas e, quiçá, inovadoras.

A necessidade de buscar compreensão sobre os conceitos referenciados a currículo e docência nos impôs desafios ao trabalho de acompanhamento que desenvolvíamos junto às escolas por nós supervisionadas. Tínhamos, juntamente com as equipes técnicas/pedagógicas dessas escolas, percebido a necessidade de nos formarmos quanto às demandas trazidas pelo novo programa. Essa constatação, que por um lado nos dava a dimensão de quanto não sabíamos, por outro lado nos encorajava a propor uma parceria de formação continuada às equipes das escolas, na qual seríamos ao mesmo tempo formadores e aprendizes (ALARCÃO, 2014).

Com as equipes técnicas e pedagógicas das escolas por nós acompanhadas, e a partir das dúvidas levantadas nas avaliações dos encontros que tivemos com essas equipes ao longo do ano de 2014, elegemos um conjunto de quatro temas que norteariam os encontros formativos, que organizaríamos e coordenaríamos no decorrer do ano de 2015: currículo integrador, autoria, docência compartilhada e interdisciplinaridade.

Dois objetivos nos mobilizaram nessa proposta: primeiro, aprimorar nosso olhar sobre conceitos-chave do Programa Mais Educação

São Paulo, ampliando a compreensão e alcance desses conceitos e possibilitando desenvolver ações qualificadas de acompanhamento junto às escolas. Segundo, criar, em conjunto com as equipes técnicas e pedagógicas dessas escolas, as condições teóricas e práticas para que tais conceitos fossem reexaminados, permitindo a essas equipes coordenar a formação em serviço do grupo de professores sob sua responsabilidade.

2. Reflexão sobre alguns conceitos do Programa Mais Educação São Paulo com base em estudos e pesquisas

A rede municipal de educação da cidade de São Paulo teve sua organização e funcionamento afetados pela implantação, em 2014, do Programa Mais Educação São Paulo. Como política pública educacional, o programa caracterizou-se por ter sido submetido a um "contexto de influência", em princípio, pela orientação política do programa de governo recém-eleito e, secundariamente, por consulta pública através do sítio eletrônico da Secretaria Municipal de Educação (SME). Também foi submetido a um "contexto da produção de texto", consubstanciado pela construção do texto inicial, que serviu de apoio para o debate interno pelas equipes centrais de SME e dos órgãos regionais (antes da consulta pública), e do texto final do programa, pela produção de notas técnicas com a finalidade de esclarecer dúvidas e orientar equipes, assim como pela produção de subsídios para auxiliar a rede na implementação das ações necessárias à implantação do programa. Experimentou e experimenta um "contexto da prática", em que os diferentes sujeitos ocupantes dos variados postos de trabalho — equipes do órgão central, equipes dos órgãos regionais e equipes escolares —, ao atuar em seus locais de trabalho, fossem aos poucos assimilando, confirmando ou alterando formas de conceber, de fazer e de produzir sentidos e significados sobre o programa. Há que se considerar o "contexto dos resultados/efeitos", espaço potente na proposição de rumos ao programa com base nos efeitos da política. O programa, como política pública, também experimenta um "contexto de estratégia política". Aqui se encontra o cerne da possibilidade de a política pública ser bem-sucedida ou malsucedida. A arena de debate entre os diferentes grupos de interesses requer um olhar crítico e sensível, que possa construir as possibilidades para lidar com as desigualdades produzidas, vislumbrando a necessária correção. Os contextos de influência, de produção de texto, de práticas, dos resultados/efeitos e estratégia política, compõem o ciclo de análise de políticas públicas proposto por Ball e Bowe (apud MAINARDES, 2006). Esse ciclo, ao qual a compreensão das políticas públicas pode recorrer, não é linear.

As equipes escolares, gestoras e pedagógicas, a nosso ver, assim como nós, em razão do exposto, careciam de formação para construir um olhar mais abrangente sobre o programa implantado e suas consequências no interior das escolas. A formação continuada em serviço se fazia necessária como meio de procurar — dentro de nossas condições de trabalho, das características dos locais onde atuamos e das demandas particulares das relações *micro e meso* (BROMFENBRENNER, 2011) que vivíamos — as condições objetivas e subjetivas para a compreensão crítica das práticas agora desenvolvidas.

Nesse sentido, António Nóvoa (2009) chama a atenção para o retorno dos professores ao centro do debate educacional. Argumenta que o fim do século XX e o início do XXI se caracterizaram pela centralidade da aprendizagem, para a construção de processos de inclusão com base na diversidade e o desenvolvimento de métodos a partir das novas tecnologias.

Com base nesse cenário, Nóvoa propõe considerar a formação dos professores para dentro da profissão e, nesse sentido, chama a atenção para cinco dimensões: a prática, a profissão, a pessoal, a partilha e a pública. A dimensão *prática* pode ser aprendida em estudo de caso que leve em conta a aprendizagem dos alunos e a aprendizagem da profissão de educador; a dimensão *profissão*, ao recorrer aos educadores mais experientes para auxiliar na formação dos mais jovens; a dimensão *pessoal* do educador como meio de desenvolver o que mais específico há nesse metiê, o trato pedagógico; a *partilha*, ao se considerar na formação a dimensão coletiva em uma perspectiva que altere a cultura escolar; a dimensão *pública* da profissão, chamando para si a responsabilidade social com o espaço público educacional.

A análise de práticas, a competência coletiva, o uso da *expertise* dos profissionais experientes, a valorização dos sujeitos educadores como responsáveis pelo desenvolvimento do trato pedagógico e a assunção da responsabilidade social inerente à profissão foram considerados no percurso formativo organizado nessa experiência.

Repensar a formação continuada com base nos contextos de trabalho dos educadores, tendo como pano de fundo a implantação de políticas públicas educacionais, encontra suporte nos estudos de Imbernón (2004). Esse autor nos propõe, ao estudar o desenvolvimento profissional, considerar a formação continuada como uma "reflexão prático-teórica sobre a própria prática", como "troca de experiência entre iguais", "a união da formação a um projeto de trabalho" (IMBERNÓN, 2004, 48), a formação como meio de desenvolver reflexão crítica sobre os problemas e desafios postos à instituição educativa. Assim, recomenda não apenas a formação continuada a partir da reflexão sobre a prática, como troca de experiência, modo de desenvolver a criticidade sobre as demandas do contexto de trabalho, mas também a formação continuada do professor experiente e a formação a partir da escola.

Nessa perspectiva, Imbernón assevera que:

> A colaboração a que nos referimos, no sentido de construir um conhecimento profissional coletivo, exige que se desenvolvam nessa etapa instrumentos intelectuais para facilitar as capacidades reflexivas coletivas sobre a própria prática docente, e cuja meta principal não é outra além de aprender a interpretar, compreender e refletir sobre a educação e a realidade social de forma comunitária. Instrumentos intelectuais que deveriam ser desenvolvidos com a ajuda dos companheiros, o que deveria ser facilitado por meio de mecanismos e processos de formação permanente dos professores. Dizíamos antes que já não podemos entender a formação permanente apenas como atualização científica, pedagógica e cultural do professor, e sim, sobretudo como a descoberta da teoria para organizá-la, fundamentá-la, revisá-la e combatê-la, se preciso. Trata-se de remover o sentido pedagógico comum e recompor o equilíbrio entre os esquemas práticos e os esquemas teóricos que os sustentam (IMBERNÓN, 2004, 68, 69).

A experiência formativa que desenvolvemos, na medida do possível, buscou, em parceria com os sujeitos envolvidos, trazer para reflexão os conceitos reunidos na proposta do programa, submetendo-os a práticas, tanto nas escolas de educação básica — educação infantil e ensino fundamental — quanto no trabalho de acompanhamento e orientação realizado pelas equipes do órgão regional de educação.

Passamos, a seguir, a apresentar alguns pressupostos teóricos sobre os conceitos de currículo integrador, autoria, docência compartilhada e interdisciplinaridade que encontramos diretamente ou em discussões que se aproximavam desses temas dentro da literatura especializada.

O currículo integrador

Ao buscar na literatura especializada o conceito *currículo integrador*, notamos que pesquisas aos bancos de dados com o uso desse termo como palavra-chave não traziam resultados. Essa dificuldade em localizar estudos específicos sobre o tema nos remeteu a buscar, entre alguns estudiosos de currículo (MOREIRA, 2000, 2002, 2013; APPLE, 2002; YOUNG, 2014; GOODSON, 1997, 2007; DUSSEL, 2009; CIAVATA; RUMMERT, 2010), discussões que permitissem reunir reflexões com potencial de nos orientar sobre a questão.

Ao percorrer as discussões propostas pelos autores referenciados, notamos que o conceito de currículo integrador pode ser entendido e aplicado como sinônimo de "integração curricular" e também na perspectiva da interdisciplinaridade.

A integração curricular pressupõe aspectos como a integração de experiências que possam ajudar os sujeitos a compreender os novos problemas com base em perspectivas diferenciadas; a integração social como forma de promoção de novas possibilidades de convivência; a integração do conhecimento considerando a crítica da organização disciplinar e uma concepção curricular em que o currículo pode ser organizado em torno de problemas (BEANE, 1997). Quanto à interdisciplinaridade, Pombo (2003) remete à possibilidade de romper com as fronteiras disciplinares para lidar com o conhecimento com base nas diferentes contribuições, construindo compreensões que deem conta de sua complexidade.

As contribuições que pudemos inferir das leituras que fizemos, tanto no pequeno grupo (supervisores) quanto no grupo expandido (supervisores e equipes escolares, construído para a experiência formativa), nos remeteram a enxergar o "currículo integrador" como um conceito próximo da perspectiva interdisciplinar, mas capaz de transcender o conceito de integração curricular.

O conceito de currículo integrador ajuda tanto a conceber o currículo em uma perspectiva de superação da fragmentação do conhecimento, posto pela organização disciplinar — daí sua aproximação com o conceito de interdisciplinaridade — quanto a desenvolver em educadores, professores e estudantes as condições mínimas para compreender as diferentes demandas e problemas do cotidiano social, cultural, econômico e profissional, integrando dialogicamente o conhecimento.

Ao refletir sobre uma organização curricular que possibilite integrar conhecimento e mundo do trabalho na educação de jovens e adultos, Ciavata e Rummert (2010) nos levam a pensar que:

> Como um todo histórico e articulado que se constrói por diferentes tipos de inter-relações que os homens estabelecem entre si, com a natureza e, também, com os artefatos que produzem, o real abriga, de forma integrada, um amplo espectro de elementos que expressam, dentro de suas particularidades, múltiplas dimensões das diferentes ciências. Compreender a historicidade dessas ciências, bem como seus processos de transformação, implica compreender a realidade como um complexo de relações sociais que integram uma unidade só compreensível a partir da categoria totalidade (469).

A categoria totalidade, como um princípio epistemológico, não se resume ao auxílio da compreensão do todo como um conjunto de partes. Enquanto categoria com base na realidade, a totalidade possibilita vislumbrar não apenas a complexidade do todo, mas também a singularidades de suas partes constituintes.

O conceito de currículo integrador pode ser também analisado usando-se como suporte a recontextualização. Essa epistemologia proposta por Bernstein foi utilizada nesse sentido por Young (2014) para pensar a possibilidade de compreensão do conceito. Young sugere que a recontextualização — "modo como os elementos do conhecimento disciplinar são incorporados ao currículo para aprendizes de diferentes idades e conhecimentos anteriores" (YOUNG, 2014, 199) —, quando aplicada ao currículo, contribui para que possamos analisar, compreender e interferir nos processos de ensino e aprendizagem em uma perspectiva de totalidade, contribuindo para que professores e estudantes analisem a realidade, compreendendo-a em sua complexidade.

Nesse debate, pensamos ser possível refletir sobre a organização das áreas de conhecimento, das disciplinas, das diferentes contribuições culturais dos diversos grupos que compõem a sociedade, tanto em seu sentido amplo quanto na singularidade dos grupos atendidos, nas construções curriculares e principalmente na elaboração e reformulação de projetos políticos pedagógicos. Esse processo poderia ser auxiliado epistemologicamente pelo conceito de recontextualização de Bernstein.

Sugerimos ainda, para completar essa tarefa, recorrer à categoria totalidade para pensar o processo de integração das infâncias nas diferentes etapas da educação básica para lidar com as premissas éticas, estéticas e políticas do cotidiano, dos marcadores sociais e do envolvimento dos sujeitos que compõem os cenários escolares. Entendemos ter essa categoria as condições de estabelecer a dialogicidade necessária ao debate reflexivo exigido no planejamento, na execução e avaliação da organização do currículo integrador.

Autoria

Ao fazer referência ao conceito de autoria, o Programa Mais Educação São Paulo realça a importância de considerá-lo desde a educação infantil e enfatiza a necessidade de envolvimento dos jovens e adolescentes nessa perspectiva ao apresentar, dentro do ciclo autoral, a proposta de desenvolvimento de projetos de autoria por alunos e comunidade escolar, consubstanciados na elaboração do trabalho colaborativo de autoria (TCA).

Entre os estudos que tratavam do tema ou que dele se aproximavam, analisamos e utilizamos no percurso formativo os textos de Pires e Branco (2007, 2008), de Ferretti, Zibas e Tartuce (2004), de Abramowicz, Levcovicz e Rodrigues (2009), Boghossian e Minayo (2009) e de Müller (2006).

O envolvimento das crianças no processo decisório foi temática abordada no texto de Pires e Branco (2007). Nesse texto, os autores analisaram o conceito de protagonismo infantil com base nas relações de poder estabelecidas no ambiente escolar. Sugerem que sejam repensadas as práticas sociais, razoavelmente consolidadas, que negam a capacidade de participação das crianças e que o projeto de escolarização moderno vem reforçando.

As práticas sociais em relação à infância, especialmente desenvolvidas na educação infantil, necessitam fortalecer a participação infantil via investimento na autonomia infantil. Indicam ser:

> mais produtivo imaginar um sistema complexo de interações que configura em torno da iniciativa e das responsabilidades compartilhadas durante a condução do processo decisório de realização das ações de um determinado projeto. Crianças e adultos assumirão responsabilidades diferentes (nem por isso necessariamente menos importantes) ao longo de todos os momentos, desde o surgimento de uma ideia, sua discussão e realização (PIRES; BRANCO, 2007, 317).

Ao compartilhar o processo decisório com as crianças, considerando as diferenças entre elas e os adultos, consequentemente, estaremos estabelecendo as bases para superar "[...] a concepção da incapacidade e da incompletude [...] da infância e criando as condições [...] para que a participação infantil se torne uma realidade social" (PIRES; BRANCO, 2007, 318).

A participação juvenil, conforme citado por Ferretti, Zibas e Tartuce (2004), dão pistas para uma participação, no mais das vezes, despolitizada, seja pela ausência de identificação desses jovens com a causa em que se engajar, seja pela inexistência de uma história de participação do grupo social. Boghossian e Minayo (2009) indicam, em revisão de literatura sobre o tema, as dificuldades encontradas nas sociedades atuais em relação à participação dos jovens em causas sociais e políticas.

Em relação aos jovens, em especial ao preconizado e incentivado nos documentos oficiais (parâmetros curriculares e diretrizes curriculares), a pesquisa desenvolvida por Ferretti, Zibas e Tartuce (2006) sobre a micropolítica escolar encontrou problemas nas escolas e equipes escolares para lidarem com as recomendações desses documentos. As equipes escolares interpretam as recomendações oficiais, conforme observado nos achados da pesquisa, com certa dificuldade e optam, na maioria das vezes, por desenvolver a participação juvenil por meio de projetos. Essa opção pelos projetos encontra ressonância no incentivo que a participação juvenil recebe das pedagogias ativas.

O estudo conclui que a análise da micropolítica escolar reafirma a dependência da escola das estruturas básicas da sociedade, o que pressupõe a importância da articulação entre a micro e a macropolítica quando da busca de compreensão sobre os condicionantes mais alargados. Indica ainda que as políticas centralizadas e oficiais pecam ao não considerar o campo micro de relações.

Ao refletirmos criticamente sobre autoria, cabe analisar, como o fizeram Ferretti, Zibas e Tartuce (2004), o uso na literatura dos termos que se relacionam a esse conceito: *protagonismo e participação*.

O termo *protagonismo* tem sido associado, principalmente nos documentos oficiais, ao jovem e à juventude, preferindo-se para os outros sujeitos o conceito de *participação*. Contudo, Ferretti, Zibas e Tartuce (2004) indicam que os estudos sociológicos preferem o conceito de participação, por representar uma opção mais democrática, enquanto o conceito de protagonismo representa uma ênfase no sujeito, o que de certa forma minimizaria o grupo social.

O conceito de autoria representa o desenvolvimento da capacidade de participação dos sujeitos e a aquisição das condições para construção da autonomia desses participantes. Nessa perspectiva, a participação das crianças, dos adolescentes, dos jovens e dos adultos que tomam parte na educação, ao ser incentivada, potencializa a formação de cidadãos dotados de uma leitura de mundo fundada em pressupostos críticos.

Docência compartilhada

A pesquisa nos bancos de dados sobre o conceito de docência compartilhada, assim como o citado anteriormente quando tratamos do conceito currículo integrador, não nos trouxe boas perspectivas. Só encontramos referências a estudos pontuais sobre o compartilhamento de ações pedagógicas em classes de educação especial.

Em razão do exposto, achamos pertinente pesquisar estudos educacionais relativos às palavras-chave *colaboração e cooperação*. Fizemos a opção pelo conceito *colaboração* em relação a *cooperação*. Entendemos, assim como Damiani (2008), que o primeiro coaduna melhor com o conceito de *docência compartilhada*. A autora argumenta que:

> na *cooperação* há ajuda mútua na execução de tarefas, embora suas finalidades geralmente não sejam fruto de negociação conjunta do grupo, podendo existir relações desiguais e hierárquicas entre os seus membros. Na *colaboração*, por outro lado, ao trabalharem juntos, os membros de um grupo se apoiam, visando atingir objetivos comuns negociados pelo coletivo, estabelecendo relações que tendem à não-hierarquização, liderança compartilhada, confiança mútua e corresponsabilidade pela condução das ações (DAMIANI, 2008, 215).

Borges (2006) argumenta que, nas últimas décadas, as reformas educacionais implantadas em diversos países visando à profissionalização da docência têm se apoiado na colaboração entre os agentes escolares, principalmente os docentes. Essa colaboração se encontra na base das reformas e dos programas escolares, o que também é verificado aqui entre nós no Programa Mais Educação São Paulo. As análises de Borges (2006) contribuem para nossas reflexões sobre o conceito de docência compartilhada ao se debruçar sobre a investigação da colaboração no trabalho, na motivação para a colaboração e nos desafios da colaboração.

A colaboração entre os docentes, conforme apontam as pesquisas que se ocuparam do tema, tanto melhoram a performance desses profissionais quanto se refletem em um melhor desempenho dos estudantes envolvidos. Contudo, apesar dessas evidências, a colaboração não constitui a base de organização dos coletivos de professores, e estes acham que a colaboração é sempre aquém do necessário (BORGES, 2006; DAMIANI, 2008).

O isolamento docente e a desconsideração do contexto escolar e social, segundo Zeichner (2002), podem levar esses profissionais a assumir os problemas exclusivamente como seus, sem nenhum vínculo, seja com outros docentes, seja com os sistemas educacionais. Essa situação contribui para dificultar o desenvolvimento de ações colaborativas entre docentes.

A formalização de práticas colaborativas associadas ao aumento de autonomia da instituição escolar pode ser um dispositivo importante na consolidação desse processo. A colaboração é viável, desde que garantidas algumas condições, como a implicação dos docentes no processo decisório, na divisão de tarefas, nos horários, nos tempos e espaços (ZEICHNER, 2002).

Interdisciplinaridade

Thiesen (2008) abre seu texto de análise do conceito de interdisciplinaridade afirmando a existência de pelo menos um consenso:

> De modo geral, a literatura sobre esse tema mostra que existe pelo menos uma posição consensual quanto ao sentido e à finalidade da interdisciplinaridade: ela busca responder à necessidade de superação da visão fragmentada nos processos de produção e socialização do conhecimento (THIESEN, 2008, 545).

Esse autor desenvolveu sua reflexão sobre interdisciplinaridade com base em dois enfoques: o epistemológico e o pedagógico. No campo epistemológico, o conhecimento é submetido a uma análise profunda capaz de conjugar suas formas de produção, de reconstrução e socialização, seus paradigmas e a possível mediação entre o sujeito e a realidade possibilitada pelo método. Na perspectiva pedagógica, analisam-se os processos de organização curricular, os processos de ensino e de aprendizagem.

Por conta da crescente interconexão e complexificação do mundo, a escola vem sendo levada a repensar os processos de ensino e de aprendizagem. Para tanto, impõe-se o desafio de repensar as práticas pedagógicas em uma perspectiva interdisciplinar; contudo, há que se considerarem as dificuldades exigidas por esse esforço. A organização escolar ainda se encontra impregnada pelo paradigma disciplinar, o que dificulta visualizar novas possibilidades de organização do conhecimento para além das fronteiras disciplinares.

Nessa direção, Thiesen (2008) considera o potencial da interdisciplinaridade como promotora de transformações no modo de pensar e no agir humanos, o que sugere retomar:

> [...] aos poucos, o caráter de interdependência e interatividade existente entre as coisas e as ideias, resgata a visão de contexto da realidade, demonstra que vivemos numa grande rede ou teia de interações complexas e recupera a tese de que todos os conceitos e teorias estão conectados entre si. Ajuda a compreender que os indivíduos não aprendem apenas usando a razão, o intelecto, mas também a intuição, as sensações, as emoções e os sentimentos (THIESEN, 2008, 552).

Olga Pombo (2003), ao propor uma definição para o conceito de interdisciplinaridade, analisa o problema dos quatro termos usados nesta discussão: *pluridisciplinaridade, multidisciplinaridade, interdisciplinaridade e transdisciplinaridade*. Chama a atenção para o fato de que todos esses termos possuem a mesma raiz: disciplina. Segundo a autora, longe de aproximar os ditos termos, essa raiz promove dispersão, pois a palavra *disciplina* pode significar "ramo do saber", "componente curricular" e "conjunto de normas". Ao pensar sobre os prefixos dessas quatro palavras, de partida reduz os significados a três, visto considerar que os prefixos *pluri* e *multi* se equivaleriam. Restam os prefixos *pluri* (ou *multi*), *inter* e *trans*. Argumenta em seguida que o prefixo *pluri* sugere um paralelismo, que o prefixo *inter* pressupõe ultrapassar esse paralelismo, avançando para uma combinação, e finalmente, ao se aproximar de uma fusão, de uma unificação, ter-se-ia o significado do prefixo *trans*.

Em razão do exposto, Pombo (2003) nos propõe pensar esses conceitos "[...] num *continuum* que vai da coordenação à combinação e desta à fusão [...] do paralelismo pluridisciplinar ao perspectivismo e convergência interdisciplinar e, desta, ao holismo e unificação transdisciplinar" (POMBO, 2003, 3).

Ao analisar o conceito de interdisciplinaridade, Pombo chama a atenção para as limitações do método positivista e dos paradigmas dele derivados: o método científico, baseado nessa filosofia e que possibilitou o profundo desenvolvimento das ciências e o aparecimento das especializações, apresenta limitações. Assistimos atualmente ao surgimento de novas formas de conhecer, de novos campos de saberes. Pombo cita, nesse sentido, os reordenamentos disciplinares e exemplifica com o surgimento das "ciências de fronteira", as novas disciplinas que estão surgindo pelo cruzamento de duas disciplinas tradicionais. A Bioquímica, a Geofísica são exemplos de ciências de fronteira; as "interdisciplinas", um novo campo de conhecimento constituído a partir do cruzamento de disciplinas com o campo industrial ou organizacional. Surgem assim as "Relações Internacionais", a "Psicologia Industrial", a "Sociologia das Organizações" etc. E, finalmente, cita as "interciências", ou seja, a reunião de várias disciplinas na composição de um novo campo de estudo. Nascem assim as "Ciências Cognitivas", a "Cibernética".

Pombo argumenta ainda que estamos experimentando a passagem de uma perspectiva que concebia a produção, a reprodução do conhecimento e seus métodos, de um paradigma cartesiano para um modelo em rede, sem hierarquias, sem ligações privilegiadas.

Entendemos que os conceitos aqui, epistemologicamente analisados, possibilitam uma integração, uma aproximação de significados. Pensar a organização curricular com base no currículo integrador favorece a autoria, a docência compartilhada, por coadunar com o pensamento complexo e privilegiar uma abordagem interdisciplinar. A mesma perspectiva de reflexão pode ser dispensada aos conceitos de autoria, docência compartilhada e interdisciplinaridade. Esse exercício reflexivo sugere dispor esses conceitos em uma perspectiva de rede, de inter-relação, o que na ótica de Olga Pombo (2003) proporcionaria o avanço em direção a uma convergência interdisciplinar.

3. Organização da experiência formativa: metodologia

Com base nas avaliações dos encontros que tivemos no decorrer do ano de 2014, estruturamos coletivamente o percurso formativo para o ano de 2015. Este foi organizado em sete reuniões, com duração de quatro horas cada um. Os temas para estudo e aprofundamento foram definidos a partir das problemáticas ligadas a conceitos presentes nos textos de referência do Programa Mais Educação São Paulo: interdisciplinaridade, docência compartilhada, autoria e currículo integrador, e escolhidos pelas equipes escolares para aprofundamento. Para discutir os conceitos de currículo integrador, autoria e docência compartilhada, o coletivo reservou os seis primeiros encontros (dois encontros para cada tema). O conceito de interdisciplinaridade foi contemplado como tema do último encontro.

O grupo de participantes da experiência formativa foi constituído por trinta e seis sujeitos: três supervisores escolares, catorze diretores(as) de escola e dezenove coordenadores(as) pedagógicos(as). As equipes tecnopedagógicas envolvidas provinham tanto da etapa da educação infantil (nove escolas) quanto da etapa de ensino fundamental (cinco escolas).

Os encontros foram pautados na dialogicidade, na problematização e investigação das práticas de gestão das unidades, em rede de ideias, cotejadas com as experiências dos educadores, e no estudo de textos acadêmicos para aprofundamento teórico.

Fizemos uso da itinerância entre as unidades educacionais para propiciar aos participantes a imersão, mesmo que pelas poucas horas de cada encontro, nas diferentes realidades vividas pelas equipes. Pensávamos ser essa experiência uma oportunidade formativa, pois, apesar de fazerem parte de uma mesma região geográfica, as realidades contextuais experimentadas pelas equipes tinham suas particularidades e semelhanças, e observá-las seria importante.

Cada um dos sete encontros foi organizado com antecedência e, no possível, cotejado com as impressões do encontro anterior. Também recorremos a situações-problema experimentadas pelas escolas da rede, para que na reflexão sobre elas os conceitos postos em exame trouxessem contribuições. Fazia parte da organização das pautas dos encontros a discussão de excertos dos textos teóricos sobre o conceito em análise.

4. Desenvolvimento da formação e as conclusões alcançadas

Os sete encontros foram organizados buscando-se a interação dos saberes adquiridos e constituídos com os saberes emergentes (ALARCÃO, 2014) e visavam, também, garantir oportunidades de aprofundamento nos conceitos definidos para o estudo, por meio da leitura de excertos e textos na íntegra, sugeridos pelos coordenadores do grupo, das reflexões e dos debates entre os participantes.

O desenvolvimento dos encontros foi estruturado por meio de elaboração de pautas organizadas com base nos princípios descritos abaixo, nas cinco dimensões apresentadas por Nóvoa (2009) — prática, profissão, pessoal, partilha e pública — e no conceito de colaboração de Imbernón (2004), que ressalta o sentido de construir um conhecimento profissional coletivo.

1. Garantir levantamento de saberes e experiências dos participantes, abrangendo propostas como o levantamento de ideias de acordo com a temática de estudo e considerações sobre dados da realidade (pauta de encontro: Penso que o conceito de currículo integrador está ligado a [...]; As situações abaixo são situações de docência compartilhada? Justifiquem).

2. Reflexão a partir de excertos de textos. Para atendimento a esse princípio foram elaborados materiais de estudo com excertos de textos retirados da indicação bibliográfica, visando favorecer o aprofundamento, a construção e reconstrução de conceitos no próprio encontro.

3. Reflexões a partir de leituras realizadas antes dos encontros. Todos os encontros foram subsidiados por materiais teóricos que serviam como referência para o estudo e debate. Em alguns momentos sugeriu-se, como tarefa pessoal, a leitura de artigos, na íntegra, a fim de que no encontro posterior as discussões fossem desencadeadas pelas considerações advindas do estudo de cada participante (pauta de encontro: Estudo dos textos: "Protagonismo infantil: coconstruindo significados em meio às práticas sociais" e "Protagonismo juvenil na literatura especializada e na reforma do ensino médio": a) Identificar as concepções dos autores sobre participação infantil e juvenil na unidade educacional; b) Qual é o posicionamento do grupo em relação às concepções defendidas pelos autores?).

4. Sínteses parciais das discussões realizadas. Foram garantidos nas pautas momentos em que os participantes pudessem, coletivamente, elaborar sínteses dos estudos (pauta de encontro: Até o momento podemos definir currículo integrador como [...]; A partir dos estudos e das discussões realizadas, é possível chegar a um conceito de autoria?; A partir das leituras realizadas pelos participantes, vivenciar a construção coletiva de mapa conceitual sobre docência compartilhada).

5. Estabelecimento de relações entre conceitos discutidos nos encontros. Por acreditarmos nas inter-relações dos conceitos trabalhados durante os encontros, buscamos contemplar nas pautas alguns momentos em que os participantes pudessem estabelecer essas relações (pauta de encontro: Assistir a um trecho do vídeo *O que a escola deveria aprender antes de ensinar*. Quais relações fazemos, de acordo com as considerações apresentadas no vídeo, entre o que discutimos sobre currículo integrador e as ideias que temos sobre autoria?; em subgrupos, levantar alguns aspectos que nos ajudem a debater a temática de interdisciplinaridade, a partir da revisão do percurso de estudos deste ano, no qual foram abordadas as temáticas *currículo integrador, autoria e docência compartilhada*).

Entendendo que a voz de cada participante contribui para o desenvolvimento de todo o percurso formativo, cada bloco de temática foi avaliado pelos envolvidos de acordo com instrumentos diferenciados.

Os encontros sobre currículo integrador foram avaliados com base em indicadores construídos com foco nos objetivos estabelecidos. Outros indicadores foram criados para a avaliação dos encontros sobre a autoria, envolvendo considerações a respeito do material, da qualidade das discussões e das mediações realizadas. Sobre docência compartilhada foi solicitada uma produção de texto a partir de algumas afirmativas relacionadas às contribuições dos encontros e à pertinência dos subsídios teóricos oferecidos. E a avaliação do último encontro procurou abranger, além de elementos sobre o tema da interdisciplinaridade, o percurso formativo de 2015.

Assim foi possível coletar dados que, analisados com base em Imbernón (2004), indicam que o percurso formativo promoveu a reflexão prático-teórica sobre a própria prática, a troca de experiências entre iguais, a união da formação a um projeto de trabalho e a reflexão crítica sobre os problemas e desafios postos à instituição educativa.

O quadro que segue procura relacionar os dados coletados às categorias criadas com base em Imbernón (2004), quando trata do estudo do desenvolvimento profissional:

Quadro 1

Categoria	Colocações dos participantes
Reflexão prático-teórica sobre a própria prática	"Os encontros trouxeram subsídios teóricos para provocar em nós reflexão sobre a prática. Pensar teoricamente questões que acontecem no cotidiano escolar, revisitar nosso olhar, às vezes 'viciado', e com isso assumir-se também como sujeito, que tem responsabilidade na construção e implementação do PPP, da formação e práticas docentes."
	"Considerando a importância do tema *docência compartilhada* e a complexidade do assunto, acredito que foram muito importantes as discussões realizadas. O material utilizado foi muito rico, e dividir experiências faz com que reavaliemos a prática no Centro de Educação Infantil (CEI). Muitas vezes as coisas acontecem de uma forma tão natural na unidade educacional que não percebemos que podem ser modificadas ou melhoradas. As discussões sobre a bibliografia apresentada nos alertaram para essas situações."
	"Os materiais teóricos oferecidos e suas discussões oportunizaram grandes provocações para que refletíssemos sobre nossas próprias concepções, que muitas vezes são equivocadas. A partir dos estudos, concepções foram reformuladas neste grupo, e o resultado foi muito satisfatório no trabalho coletivo."
	"As discussões e estudos ampliam a visão para os temas estudados, o que nos dá subsídios para a atuação na escola."

Troca de experiências entre iguais	"É importante aprendermos com os colegas, pensando numa gestão mais reflexiva e eficiente."
	"O debate acrescentou algumas referências em que eu não havia pensado."
	"As trocas de experiências e os argumentos dos participantes complementam, de forma enriquecedora, os estudos teóricos."
	"Ao compartilhar estratégias de gestão, conseguimos exercer a fala e a escuta, incorporando-as ao nosso cotidiano. No contexto do Programa Mais Educação São Paulo, conseguimos avançar nas reflexões e nas possíveis ações relacionadas ao currículo integrador, interdisciplinaridade, autoria e docência compartilhada, entre outros."
União da formação a um projeto de trabalho	"As reflexões provocadas sobre a concepção de docência compartilhada com base em referenciais teóricos nos ajudam a ajustar o olhar sobre a prática desenvolvida na unidade educacional. Afirmam a necessidade do estreitamento entre teoria e prática e a consolidação das ações no Projeto Político Pedagógico da unidade. Percebemos o papel da gestão como fundamental neste processo, formando e acompanhando, insistindo no que é necessário e importante — a qualidade da educação."
	"O estudo despertou muitas reflexões sobre o currículo desenvolvido na escola, além de ter possibilitado o aprofundamento sobre o que é currículo integrador."
Reflexão crítica sobre os problemas e desafios postos à instituição	"A reflexão sistemática acerca do que a escola pratica e o que está sendo proposto nos documentos oficiais."

Fonte: Falas dos sujeitos participantes da formação.

Os recortes de falas incluídos na categoria "Reflexão prático-teórica sobre a própria prática" desvelam como a interação entre aporte teórico, experiência, grupo de participantes e prática reflexiva marcou os sujeitos participantes, possibilitando que encontrassem suporte para esclarecer os porquês dos processos vivenciados nos contextos institucionais.

Compartilhar experiências, dividir angústias, externar concepções e crenças e, simultaneamente, argumentar com o outro parceiro e dialogar com os textos ofertados, seja individual, seja coletivamente, colocou os participantes em um percurso formativo que os fortaleceu para atuar em suas escolas.

Dividir percepções com outros sujeitos que desempenham funções similares às nossas também mostrou potencial formativo. Foi o que evidenciaram os recortes de falas destacados na categoria "Troca de experiências entre iguais". Verificar por meio do diálogo com o outro a existência de possibilidades para as quais não tínhamos atentado desvelou a necessidade do exercício da abertura, que, em uma perspectiva freiriana, de certa forma permitiu exercitar outras maneiras de olhar, observar, prospectar, se afetar, aceitar que a leitura dos fenômenos, das práticas sociais e das situações de aprendizagem e de ensino é um processo diverso.

Formação é processo, é vida, é interação, é não naturalizar a monotonia, é interessar-se pelas dissonâncias, buscando compreendê-las sem desentranhá-las do todo em que foi gerada. Assim, o chão da escola se evidenciou como um ambiente propício para aprender, para ensinar, para compartilhar. As falas dos participantes arroladas na categoria "União da formação a um projeto de trabalho" constituem estímulos para que ações e projetos desenvolvidos na escola sejam conteúdos da formação continuada.

Tão importante quanto as categorias comentadas é o fato de não se deixar abater pelos problemas, conflitos e desafios que o cotidiano social, político, cultural e econômico impõe ao sujeito singular e coletivo, como também à instituição escolar como um todo. Diante da possibilidade de aprisionamento e imobilização desses sujeitos por estarem imersos nesse cotidiano, a "reflexão crítica sobre os problemas e desafios postos à instituição" possibilita exercitar o diálogo com as realidades que compõem o tecido social determinante da vida na escola. Vivido nessa perspectiva, esse diálogo terá potencial para minimizar tensões, promover aprendizagens com base nos conflitos e criar as bases para o desenvolvimento de seu projeto educativo.

Outro aspecto a destacar, a partir dos dados coletados pelos instrumentos de avaliação dos encontros, é o da formação continuada especificamente para gestores. No Programa Mais Educação São Paulo, o eixo Gestão Pedagógica é apresentado como base da implementação do programa. Esse eixo pretende que supervisores, diretores e, especialmente, coordenadores pedagógicos possam contribuir para o grupo de professores para além do prescrito nos textos legais. Dessa forma, investir na formação continuada desse público tornou-se essencial. Os participantes destacaram a importância desses momentos:

> Essa ideia de curso para os gestores, achei fantástica! A forma de organização foi extremamente eficaz: apostila, leituras, roda para problematização.
> Após estes encontros os debates nas unidades ganharam um novo enfoque. Sinto-me mais segura para discutir com o grupo.
> Esses encontros possibilitaram pensar sob diferentes perspectivas (CEI, EMEI[4] e EMEF[5]), como a dinâmica escolar é complexa e como os envolvidos devem sempre estar em formação[6].

Ao cotejar a revisão da literatura sobre os temas com as experiências relatadas, compartilhadas e debatidas pelos participantes, descortinamos um amplo conjunto de possibilidades e dificuldades para lidarmos com os conceitos estudados.

Adotar o conceito de currículo integrador, considerando as reflexões e conclusões alcançadas pelo grupo, requer expandir a compreensão possibilitada por uma leitura inicial dos documentos do Programa Mais Educação São Paulo — texto de apresentação, notas técnicas, subsídios e normativas.

Notamos que esse conceito, para além de exigir abertura paradigmática, impõe a necessidade de conceber o currículo, em todas as suas dimensões, numa perspectiva de totalidade — no sentido de considerar em nossas leituras, discussões e reflexões sobre currículo a análise conjunta das singularidades e das pluralidades que afetam e constituem os fenômenos. Nessa perspectiva, o currículo integrador pressupõe considerar os sujeitos em sua dimensão histórica, social e cultural, determinado e determinante, uno e diverso. Um sujeito

---
4. EMEI: Escola Municipal de Educação Infantil.
5. EMEF: Escola Municipal de Ensino Fundamental.
6. Falas de participantes.

que traz em si o Eu e o Outro social e interage com um meio complexo, o que exige uma concepção, organização e desenvolvimento curricular que considere o simples sem simplificação e o complexo destituído de complicação (MORIN, 2011).

O currículo integrador exige também lidar com as realidades, o que coloca a todos nós o desafio de exercício da sensibilidade para refinar a observação, a escuta, a tolerância e, acima de tudo, a compreensão. Assim, assumiremos na perspectiva de Paulo Freire a abertura para ouvir, observar e considerar o que as condições de vida e de estar no mundo, constituidora do outro e a partir dele, de nós mesmos, tem a nos oferecer para compormos o quadro organizador das decisões curriculares.

Quanto ao conceito de autoria, os encontros formativos, de um lado, confirmaram as dificuldades que enfrentamos para incentivar e efetivar a participação tanto na vida escolar como na vida social. Possivelmente, a história recente do país, que deixou um período de ditadura, que viveu um processo de abertura e agora se encontra mergulhado em uma grave crise política, social e econômica, tem estado a serviço da desacreditação, isto é, da produção de uma apatia coletiva por conta do descrédito promovido por políticos e partidos, pela desconstrução das mínimas conquistas sociais e pelo incremento da retomada da concentração de renda. De outro lado, pelos depoimentos, constatamos que o Programa Mais Educação São Paulo vem promovendo, principalmente por conta do ciclo autoral com o desenvolvimento dos trabalhos colaborativos de autoria, um novo incremento na participação dos sujeitos (alunos e professores) na observação, análise, discussão e intervenção em fenômenos e causas sociais que afetam suas vidas. Esse movimento estabelecido no interior das escolas de ensino fundamental, pelos depoimentos dos participantes dos encontros e falas de alunos, professores e gestores, vem contribuindo para que a participação retome seu espaço, produzindo efeitos no exercício da cidadania e na leitura de mundo dos envolvidos.

Outras iniciativas, tanto no ensino fundamental quanto na educação infantil, estão apontando na direção do desenvolvimento da participação. O envolvimento das crianças de algumas EMEIs na reformulação dos projetos políticos pedagógicos vem-se constituindo em realidade nesses locais.

Devemos ainda considerar a participação dos sujeitos da rede municipal de ensino na construção de documentos relativos ao programa, aos direitos de aprendizagem dos diferentes anos dos ciclos de alfabetização, interdisciplinar e autoral, como indicativo da promoção do protagonismo. Tomar parte nesse processo tem como consequência reconhecer a importância de se envolver com a política educacional da rede e o compromisso de cada um com a educação. Assim, aos poucos, a dimensão política da profissão de educador se fortalece.

Em relação à docência compartilhada, optamos por ler esse conceito com base em outros referentes. Propomos para seu lugar o conceito de "docência colaborativa", por entendermos sua pertinência tanto em relação à literatura que utilizamos como suporte quanto pelos depoimentos dos participantes nos encontros.

Nesse sentido, a rede vive situações práticas interessantes: nos centros de educação infantil, especialmente nos berçários, temos bons exemplos dos limites e possibilidades da "docência colaborativa". Dois ou três professores compartilham do mesmo turno de trabalho e do mesmo ambiente, e os depoimentos revelaram ser tanto espaço de trabalho colaborativo e, portanto, compartilhado quanto espaço de disputa e de fazeres individualizados. Esses mesmos professores também podem viver a "docência colaborativa" com os professores que atuam com os mesmos bebês no período subsequente. Os depoimentos, em alguns casos, indicaram que a "docência colaborativa" é uma realidade entre professores de períodos distintos, responsáveis pelos mesmos bebês, e que há problemas de isolamento entre docentes que compartilhavam o mesmo ambiente e horário.

Situações análogas também foram relatadas entre professores de SAAI[7], de Língua Inglesa, POIE[8], POSL[9] e regentes de classe comum ou especialistas.

---

7. SAAI: sala de apoio e acompanhamento à inclusão.
8. POIE: professor orientador de informática educativa.
9. POSL: professor orientador de sala de leitura.

Entendemos que a "docência compartilhada", como definida nos documentos do Programa Mais Educação São Paulo, não abarca as implicações do conceito. As variadas situações vividas na rede, como por exemplo as anteriormente descritas, apontam ser pertinente entendermos a aplicação do conceito "docência colaborativa", visto que o colaborar não exibe hierarquias e possibilita aos sujeitos envolvidos assumir, de acordo com sua experiência, mobilização e compromisso, a exata responsabilidade na colaboração.

No tocante à interdisciplinaridade, notamos, conforme apontado por Olga Pombo (2003, 2005), a dificuldade de compreensão do conceito, fato que encaramos como normal. Esse conceito comporta razoável grau de complexidade, e sua compreensão requer uma reflexão epistemológica profunda. Contribuem ainda para estreitar sua interpretação os usos recorrentes do conceito no senso comum.

As discussões e reflexões do grupo revelaram que o conceito de interdisciplinaridade ainda se relaciona à visão que se prestaria a reunir áreas de conhecimento distintas para juntas lidarem com determinado tema ou fenômeno. Tal interpretação situa o conceito de interdisciplinaridade como sinônimo de *pluri* ou multidisciplinaridade.

Pensamos ser preciso ampliar a reflexão sobre o processo de fragmentação do conhecimento, de certa forma imposto pelas tendências positivistas, para que possamos alargar a compreensão relativa à interdisciplinaridade. Necessitamos também aprofundar com nosso grupo, e possivelmente com a rede, a reflexão sobre a incapacidade de as disciplinas, como fragmentos de áreas de conhecimento, darem conta da compreensão da totalidade dos fenômenos. Para tanto, pensamos ser a teoria da complexidade proposta por Edgar Morin um bom referente para um início de conversa.

Diante das experiências vividas como coordenadores e participantes desse percurso formativo e das considerações registradas pelos demais envolvidos, podemos afirmar que os objetivos da proposta de formação foram alcançados, ficando como desafio a continuidade dos estudos a partir das necessidades emergentes do cotidiano das unidades educacionais e das políticas públicas que se apresentam a cada ano, como é o caso da Educação Integral, apresentada no final de 2015 e acrescentada ao Programa Mais Educação São Paulo, constituindo-se como Projeto São Paulo Integral.

Referências

ABRAMOWICZ, A.; LEVCOVITZ, D.; RODRIGUES, T. C. Infâncias em educação infantil. *Pro-Posições*, Campinas, v. 20, n. 3 (2009) 179-197. Disponível em: <http://www.scielo.br/scielo.php?script=sci_arttext&pid=S0103-7307 2009000300012&lng=en&nrm=iso>. Acesso em: 1 fev. 2016.

ALARCÃO, I. Do olhar supervisivo ao olhar sobre a supervisão. In: RANGEL, M. (org.). *Supervisão pedagógica. Princípios e práticas*. Campinas: Papirus, [12]2014.

APPLE, M. W. Podem as pedagogias críticas sustar as políticas de direita? *Cad. Pesqui.*, São Paulo, n. 116 (2002) 107-142. Disponível em: <http://www.scielo.br/scielo.php?script=sci_arttext&pid=S0100-15742002000200006&lng=en&nrm=iso>. Acesso em: 1 fev. 2016.

BEANE, J. A. *Integração curricular. A concepção do núcleo da educação democrática*. Lisboa: Didática, 1997.

BOGHOSSIAN, C. O.; MINAYO, M. C. de S. Revisão sistemática sobre juventude e participação nos últimos 10 anos. *Saúde Soc.*, v. 18, n. 3 (2009) 411-423. Disponível em: <http://www.scielo.br/scielo.php?script=sci_arttext&pid=S0104-12902009000300006&lng=en&nrm=iso>. Acesso em: 1 fev. 2016.

BORGES, C. Colaboração docente e reforma dos programas escolares no Quebec. *Educ. Rev.*, n. 44 (2006) 229-255. Disponível em: <http://www.scielo.br/scielo.php?script=sci_arttext&pid=S0102-46982006000200012&lng=en&nrm=iso>. Acesso em: 15 jan. 2016.

BRONFENBRENNER, U. *Bioecologia do desenvolvimento humano. Tornando os seres humanos mais humanos*. Porto Alegre: Artmed, 2011.

CIAVATA, M.; RUMMERT, S. M. As implicações políticas e pedagógicas do currículo na educação de jovens e adultos integrada à formação profissional. *Educ. Soc.*, Campinas, v. 31, n. 111 (2010) 461-480 Disponível em: <http://www.scielo.br/scielo.php?script=sci_arttext&pid=S0101-73302010000 200009&lng=en&nrm=iso>. Acesso em: 15 jan. 2016.

DAMIANI, M. F. Entendendo o trabalho colaborativo em educação e revelando seus benefícios. *Educ. Rev.*, Curitiba, n. 31 (2008) 213-230. Disponível em: <http://www.scielo.br/scielo.php?script=sci_arttext&pid=S0104-40602008 000100013&lng=en&nrm=iso>. Acesso em: 15 jan. 2016.

DUSSEL, I. A transmissão cultural assediada. Metamorfoses da cultura comum na escola. *Cadernos de Pesquisa*, v. 39, n. 137 (2009) 351-365. Disponível em: <http://www.scielo.br/scielo.php?script=sci_arttext&pid=S0100-1574 2009000200002&lng=en&nrm=iso>. Acesso em: 15 jan. 2016.

FERRETTI, C. J.; ZIBAS, D. M. L.; TARTUCE, G. L. B. P. Micropolítica escolar e estratégias para o desenvolvimento do protagonismo juvenil. *Cadernos de Pesquisa*, v. 36, n. 127 (2006) 51-85. Disponível em: <http://www.scielo.br/scielo. php?script=sci_arttext&pid=S0100=15742006000100004-&lng=en&nrm-iso>. Acesso em: 15 jan. 2016.

_____. Protagonismo juvenil na literatura especializada e na reforma do ensino médio. *Cadernos de Pesquisa*, v. 34, n. 122 (2004) 411-423. Disponível em: <http://www.scielo.br/scielo.php?script=sci_arttext&pid=S0100-1574 2004000200007&lng=en&nrm=iso>. Acesso em: 15 jan. 2016.

GOODSON, I. *A construção social do currículo*. Lisboa: Educa, 1997.

_____. Currículo, narrativa e futuro social. *Revista Brasileira de Educação*, v. 12, n. 35 (2007). Disponível em: <http://www.scielo.br/scielo.php?script=sci_ arttext&pid=S1413-24782007000200005&lng=en&nrm=iso>. Acesso em: 15 jan. 2016.

IMBERNÓN, F. *Formação docente e profissional. Formar-se para a mudança e a incerteza*. São Paulo: Cortez, [4]2004.

MAINARDES, J. Abordagem do ciclo de políticas. Uma contribuição para a análise de políticas educacionais. *Educ. Soc.*, Campinas, v. 27, n. 94 (2006) 47-69. Disponível em: <http://www.scielo.br/pdf/es/v27n94/a03v27n94.pdf>.

MOREIRA, A. F. B. Currículo e gestão. Propondo uma parceria. *Ensaio: Aval. Pol. Públ.*, Rio de Janeiro, v. 21, n. 80 (2013) 547-562. Disponível em: <http://www.scielo.br/scielo.php?script=sci_arttext&pid=S0104-4036 2013000300009&lng=en&nrm=iso>. Acesso em: 15 jan. 2016.

_____. Currículo, diferença, cultura e diálogo. *Educação & Sociedade*, ano XXIII, n. 79 (2002) 15-38. Disponível em: <http://www.scielo.br/scielo. php?script=sci_arttext&pid=S0101=73302002000300003-&lng=en&nrm-iso>. Acesso em: 15 jan. 2016.

_____. Propostas curriculares alternativas. Limites e avanços. *Educação & Sociedade*, ano XXI, n. 73 (2000). Disponível em: <http://www.scielo.br/scielo. php?script=sci_arttext&pid=S0101=73302000000400009-&lng=en&nrm-iso>. Acesso em: 15 jan. 2016.

MORIN, E. *Introdução ao pensamento complexo*. Porto Alegre: Sulina, [3]2007.

_____. *Os sete saberes necessários à educação do futuro*. São Paulo: Cortez, [2]2011.

MÜLLER, F. Infâncias nas vozes das crianças. Culturas infantis, trabalho e resistência. *Educ. Soc.*, Campinas, v. 27, n. 95 (2006) 553-573. Disponível em: <http://www.scielo.br/pdf/es/v27n95/a12v2795.pdf>.

NÓVOA, A. *Professores. Imagens do futuro presente*. Lisboa: Educa, 2009.

PIRES, S. F. S.; BRANCO, A. U. Cultura, self e autonomia. Bases para o protagonismo infantil. *Psic.: Teor. e Pesq.*, Brasília, v. 24, n. 4 (2008) 415-421. Disponível em: <http://www.scielo.br/scielo.php?script=sci_arttext&pid=S0102-37722008000400004&lng=en&nrm=iso>. Acesso em: 1 fev. 2016.

_____. Protagonismo infantil. Coconstruindo significados em meio às práticas sociais. *Paideia*, Ribeirão Preto, v. 17, n. 38 (2007) 311-320. Disponível em: <http://www.scielo.br/scielo.php?script=sci_arttext&pid=S0103-863X2007000300002&lng=en&nrm=iso>. Acesso em: 1 fev. 2016.

POMBO, O. *Epistemologia da interdisciplinaridade*. Seminário Internacional Interdisciplinaridade, Humanismo, Universidade, Faculdade de Letras da Universidade do Porto, 12 a 14 de novembro de 2003. Disponível em: <http://www.uesc.br/cpa/artigos/epistemologia_interdisciplinaridade.pdf>.

_____. Interdisciplinaridade e integração dos saberes. *Liinc em Revista*, v. 1, n. 1 (2005) 3-15. Disponível em: <http://www.ibict.br/liinc>.

THIESEN, J. da S. A interdisciplinaridade como um movimento articulador no processo de ensino-aprendizagem. *Rev. Bras. Educ.*, Rio de Janeiro, v. 13, n. 39 (2008) 545-554. Disponível em: <http://www.scielo.br/scielo.php?script=sci_arttext&pid=S1413-24782008000300010&lng=en&nrm=iso>. Acesso em: 15 jan. 2016.

YOUNG, M. Teoria do currículo. O que é e por que é importante. *Cadernos de Pesquisa*, v. 44, n. 151 (2014) 190-202. Disponível em: <http://www.scielo.br/scielo.php?script=sci_arttext&pid=S0100-15742014000100010&lng=en&nrm=iso>. Acesso em: 15 jan. 2016.

ZEICHNER, K. M. Formando professores reflexivos para uma educação centrada no aprendiz. Possibilidades e contradições. In: ESTEBAN, M. T.; ZACCUR, E. (org.). *Professora-pesquisadora. Uma práxis em construção*. Rio de Janeiro: DP&A, 2002.

As relações interpessoais nos contextos escolares: as várias faces do jogo coletivo

Jeanny Meiry Sombra Silva[1]
jeanny.sombra@hotmail.com
Kátia Martinho Rabello[2]
katiarabelo@magister.com.br
Laurinda Ramalho de Almeida[3]
laurinda@pucsp.br

*A arte de viver
é simplesmente a arte de conviver...
Simplesmente? Disse eu.
Mas como é difícil...*

(Mario Quintana)

Introdução

Mario Quintana, poeta que sabia muito bem usar as palavras para chegar ao coração de seus interlocutores, reconhecia que a comunicação envolve muito mais do que receber e transmitir men-

---
1. Doutoranda em Educação: Psicologia da Educação pela PUC-SP, formadora de professores e de coordenadores pedagógicos.
2. Doutoranda em Educação: Psicologia da Educação pela PUC-SP, diretora de escola.
3. Professora doutora do programa de estudos pós-graduados em Educação: Psicologia da Educação e vice-coordenadora do programa de mestrado profissional em Educação: Formação de Formadores, ambos da PUC-SP.

sagens. Nós nos comunicamos para viver *com*, em um movimento dialético de alteridade. Na arte do conviver é importante ressaltar o papel da afetividade como fator determinante nos relacionamentos interpessoais e na construção do conhecimento e do desenvolvimento humano.

No movimento de viver com o outro, o coordenador pedagógico realiza um verdadeiro malabarismo para poder dar conta dos diferentes grupos que atende: pais, alunos, funcionários da escola etc. Mas o grupo com quem trabalha de forma mais direta são os professores; nesse grupo as relações cotidianas estão permeadas de acordos, confrontos, entendimentos e desentendimentos.

É nesse contexto de intenso dinamismo, em que são vivenciadas emoções, sentimentos e paixões, que o coordenador pedagógico realiza sua principal função: a formação docente. No decurso de sua atuação, menos tempo fica destinado ao diagnóstico e análise das dinâmicas relacionais e sua interferência nos processos formativos dos docentes. No entanto, as relações pedagógicas não podem ser entendidas separadamente das relações interpessoais, pois se implicam mutuamente.

> É no bojo dessas relações que se travam os embates, estabelecem-se os conflitos, lapidam-se os desejos, constroem-se os projetos, enfim, é nesse movimento — entre pessoas — que se dá, de fato, a ação educativa. Dessa forma, os processos de formação podem ser favorecidos quando há disponibilidade e investimento dos atores envolvidos, no sentido do refinamento das relações interpessoais entre eles construídas (BRUNO; ALMEIDA, 2008, 100).

Conflitos interpessoais na escola sempre existirão, pois o conflito é inerente à condição humana. Quando encarados como fenômenos indicativos fornecem elementos que podem ajudar a estabelecer "ações educativas". Assim, o coordenador precisa conhecer e valorizar a trama das relações interpessoais nas quais ele, os professores e os alunos interagem. Um olhar intencional é o primeiro passo, e, em decorrência dele, avançar para a "construção" e o "refinamento das relações".

Esses pressupostos nos mobilizaram a desenvolver uma pesquisa cujo objetivo principal é compreender de que forma as relações interpessoais existentes na escola interferem nas práticas profissionais de coordenadores pedagógicos, influenciando seus processos formativos. Este artigo discute parte dos resultados dessa pesquisa[4].

Apoiamos nosso percurso teórico em Henri Wallon, nos conceitos sobre a integração dos conjuntos funcionais — afetividade, cognição, ato motor e pessoa — para compreensão do desenvolvimento humano; bem como no papel e influência do meio como complemento indispensável do ser vivo (WALLON, 1975).

Para entender a influência do meio escolar na dinâmica das relações, trouxemos para discussão o conceito de cultura interna da escola proposto por Libâneo (2013), realizando um diálogo com a ideia de jogo coletivo defendida por Canário (1998).

A pesquisa

Em nosso estudo, os instrumentos selecionados foram questionário e entrevista. Para este capítulo será considerado o questionário aplicado a quarenta e três professores de anos finais do ensino fundamental II e ensino médio de escola pública da rede estadual de São Paulo, situada na região metropolitana. Os professores respondentes são identificados por nomes fictícios.

Discorreremos sobre alguns dados obtidos com base nas respostas dos professores às seguintes questões abertas: "Como você percebe a valorização de sua disciplina pelos seus colegas?" e "Como você percebe as relações interpessoais na sua escola?". Na sequência apresentaremos uma breve discussão de como a compreensão dessa temática pode ajudar o coordenador pedagógico na elaboração de processos formativos.

Aportes teóricos

Para Wallon (1975), o meio é complemento indispensável ao ser vivo, e na espécie humana, o meio social é sobreposto ao físico. Entre

---

4. A pesquisa foi desenvolvida na disciplina Projeto: Integração cognitiva afetiva e sua expressão na formação de professores centrada em contextos de atuação — coordenada pela professora Laurinda Ramalho de Almeida no âmbito do programa de Psicologia da Educação da PUC-SP.

os meios sociais está a escola, um campo privilegiado pelas responsabilidades que assume em relação ao conhecimento e às relações sociais que nela ocorrem. A escola "é um meio onde podem constituir-se grupos com tendências variáveis e que podem estar em discordância ou em concordância com os seus objetivos" (WALLON, 1975, 167). Esse conceito fornece elementos indicativos que permitem cotejar o indivíduo em seu meio profissional, ou seja, as relações que efetivamente ocorrem na escola. É importante destacar que, para o autor, a expressão "relações sociais" pode ser apreendida com diferentes conotações: relacionamentos interpessoais, relação entre o indivíduo e seus grupos de pertença, relações entre o indivíduo e as instituições sociais, relações do indivíduo com seu tempo e sua cultura.

Além de ser um importante meio físico e social, a escola é um meio funcional, pois tem uma função específica: trabalhar o conhecimento. Não é um grupo, mas um meio formado por grupos e, como tal, caracterizado por relações mantidas entre os profissionais e alunos que ali estão.

Do lugar que ocupa, como se configura e o que oferece, está mergulhada na cultura do seu tempo. Exerce, assim, a escola, influência sobre o desenvolvimento do indivíduo, ao mesmo tempo que provoca mudanças no meio. Nessa relação recíproca de influências e alterações, professores, demais profissionais e alunos que compõem o meio escolar, enquanto interagem, ressignificam-se e constituem-se mutuamente.

De forma geral, as escolas têm regras instituídas legalmente; são dispositivos que visam, entre outros, uniformizar ou regular seu funcionamento. Mas têm também, em sua maioria, regras próprias, ou seja, uma dinâmica interna que microrregula os processos administrativos e organizacionais da instituição. Assim, podemos falar que cada escola tem sua cultura própria que afeta tanto professores quanto alunos. Conforme Libâneo (2013), a cultura da escola é composta de vários fatores, como a localização regional (urbana, periferia, rural), a rede a que pertence (pública ou privada), as características da comunidade escolar (nível social e econômico), as características de seu projeto pedagógico (confessional ou laica, tradicional ou moderna), o estilo de direção de seus gestores, o nível de comprometimento profissional dos funcionários, estabilidade, currículo etc. Enfim, é formada pelos diversos fatores sociais, culturais e psicológicos. Todos esses elementos "influenciam os modos de agir da organização como um todo e do comportamento das pessoas em particular", levando cada escola a ter "seu modo de fazer as coisas" (LIBÂNEO, 2013, 92).

Pensando no potencial formativo do contexto de trabalho para o desenvolvimento profissional de professores, Rui Canário (1998) destaca a importância de conceber a formação como um processo de aprendizagem coletiva do qual emergem novas competências. Para exemplificar a necessidade de se superarem propostas de formação de professores orientada para a formação de indivíduos deslocados do seu contexto de ação, o autor resgata uma analogia de Berthelot (apud Canário, 1998) sobre dois jogos: quebra-cabeça e xadrez. No primeiro, o professor é comparado a peças padronizadas que participam de uma formação que não leva em consideração a dinâmica escolar; já no xadrez as peças vão adquirindo novos valores a cada lance do jogo em decorrência das posições que vão assumindo diante das demais; cada mudança tem reflexos sobre todo o jogo, cada novo lance leva o jogador a antecipar a jogada do parceiro.

Com base nessa metáfora, Canário vai cunhar a expressão "jogo coletivo":

> As situações profissionais vividas pelos professores ocorrem no quadro de sistemas coletivos de ação (organizações escolares), cujas regras são, ao mesmo tempo, produzidas e aprendidas pelos atores sociais em presença. Estamos, portanto, em presença de um "jogo coletivo", suscetível de múltiplas e contingentes configurações, em função da singularidade dos contextos (CANÁRIO, 1998, 16).

Para além dos processos formativos, objeto da discussão de Canário, o termo "jogo coletivo" é aproveitado, em nosso texto, no sentido de relacionamentos interpessoais nos contextos escolares, uma vez que para Canário (2007), apoiado em Dubar (2005), a atuação do professor — sua maneira de se relacionar, bem como suas práticas profissionais — vai se configurando ao longo de sua trajetória pessoal e formativa; é o que o autor chama de dimensão biográfica. Mas é no exercício do trabalho que, de fato, o professor produz sua profissionalidade; por isso, ressalta que sua atuação é fortemente influenciada pelo contexto da escola em que trabalha.

Tal contexto, que o autor denomina de dimensão organizacional, influencia sua prática docente, interpelando-o. Em decorrência disso, é comum observar que os mesmos professores tendem a agir de forma diferente em cada escola em que trabalham.

É na medida em que a dimensão organizacional atravessa a produção, em contexto, das práticas profissionais que estas são compreensíveis apenas em termos de efeitos de disposição, mas, de um modo muito importante, também em termos de efeitos de situação (os mesmos professores agem de formas diferenciadas, em escolas diferentes) (CANÁRIO, 1998, 16).

Assim, a cultura própria de cada escola — constituída por seu contexto singular, repleto de múltiplas e contingentes configurações — se projeta em todas as instâncias da instituição e, conforme Libâneo (2013, 94), "vai sendo internalizada pelas pessoas, gerando um estilo coletivo de perceber as coisas, de pensar os problemas, de encontrar soluções". Em decorrência disso, quando um professor ou gestor inicia seu trabalho em uma escola nova, invariavelmente acaba sendo afetado pela cultura da instituição. Ainda que tenha sua maneira própria de atuar ou encarar determinados procedimentos, a tendência é que, no fluxo das relações, o novo profissional vá se amalgamando à cultura predominante do cotidiano. Em outras palavras, esse profissional passa a jogar o jogo dos demais participantes. A esse respeito, Libâneo (2013, 94) assevera que "há em cada escola uma forma dominante de ação e interação entre as pessoas, que poderia ser resumida na expressão: 'temos a nossa maneira de fazer as coisas por aqui'".

Do diálogo entre Canário e Libâneo depreende-se a importância de considerar a cultura organizacional da escola e sua influência nos processos interacionais dos participantes e de estar atento ao jogo coletivo que se estabelece entre os profissionais, pois esse jogo é um elemento constituinte e constituído da/pela dinâmica das relações interpessoais que ocorrem na escola.

Ao aceitarmos, com Canário (1998), que é na escola que os professores aprendem sua profissão, enquanto atuam, em um processo de socialização profissional, entendemos ser no processo de interações equipe gestora-professores, professores-professores, professores-alunos que essa aprendizagem será realizada.

O que as respostas apontaram

1.1. (Des)valorização do componente curricular e suas implicações nas relações interpessoais

Ao elaborar as perguntas abertas do questionário, tínhamos como pressuposto a necessidade de o coordenador estar atento aos diferentes processos relacionais que ocorrem no cotidiano da escola — inclusive os que envolvem professores de diferentes componentes curriculares — e ao jogo coletivo que deles emanam.

Nos discursos, percebemos que as disciplinas de Língua Portuguesa e Matemática conferiam um maior *status* aos professores. Muitos professores desses componentes se sentiam mais valorizados que os demais.

> Percebo que (minha disciplina) é muito valorizada, mesmo porque o próprio sistema educacional faz com que ela seja, tanto nas avaliações externas como Saresp, Prova Brasil etc. quanto nas avaliações internas, provões, simulados etc. Matemática sempre teve seu peso e acredito que sempre vai ter, e os colegas reconhecem isso (Patrick, professor de Matemática).
>
> Minha disciplina já tem uma importância, já que é muito cobrada nos vestibulares e Enem, portanto importante também para o corpo docente (Murilo, professor de Matemática/Física).
>
> Os colegas valorizam minha disciplina pelo fato de ser a base para as demais e para abranger a valorização da escrita e da leitura (Carla, professora de Português).
>
> Há uma cobrança muito grande na disciplina de Língua Portuguesa por parte da gestão. [...] Todos os professores se utilizam da Língua Portuguesa para ensinar sua matéria, nada mais justo que valorizá-la e colocá-la em primeiro lugar (Nelson, professor de Português).

Na perspectiva desses professores, os profissionais que atuam nos componentes de Língua Portuguesa e Matemática devem atender às múltiplas necessidades impostas a suas disciplinas, tanto em relação a ser "base para as demais" como para o desempenho dos alunos e melhora nos índices de avaliação externa. O modo como o professor se vê não está desarticulado dos processos relacionais. De acordo com a psicogenética de Henri Wallon, a constituição da pessoa está intimamente ligada ao papel do outro na consciência que cada um tem de si.

> Ora, de certa forma, indivíduo e opinião estão em polos opostos. A opinião pode desempenhar frente ao indivíduo um papel de regulação, de pressão, mas ela responde a conveniências que são de ordem social; depende de fatores que traduzem a estrutura, as tendências, de uma sociedade ou de um grupo social. Sob pena de ficar à margem de seu grupo, o indivíduo deve adaptar-se à opinião, deve subordinar-lhe suas necessidades, seus apetites, ou pelo menos dar a eles uma forma e objetos tais que a sua satisfação seja aprovada ou tolerada pela opinião (WALLON, 1971, 15).

Por outro lado, nas respostas de professores de outros componentes curriculares foi possível notar um sentimento de desvalorização de sua disciplina.

> Não percebo qualquer valorização. Cada profissional trabalha individualmente, cada um com sua área escolhida (João, professor de Geografia).
> Só têm valor Português e Matemática (Érica, professora de Filosofia/Sociologia).

É notório nesses depoimentos que algumas disciplinas não gozam do mesmo prestígio conferido às disciplinas de Língua Portuguesa e Matemática. No caso da afirmação desses professores, a desvalorização de suas disciplinas interfere nas relações interpessoais e na articulação entre os componentes curriculares.

O próprio sistema escolar (regido por políticas educacionais) diferencia as disciplinas, tornando-as mais valorizadas ou menos valorizadas, o que é operacionalizado na organização escolar e na distribuição dos componentes curriculares. Ao constatar que disciplinas como Português e Matemática têm maior participação nas avaliações externas, a gestão, *grosso modo*, confere mais recursos didáticos e materiais ao professor, o que lhe outorga maior prestígio na comunidade docente e discente.

A começar pelo Estado já percebemos a desvalorização, [...] disciplinas como Matemática e Português são aquelas que "valem mais" não só para professores e coordenadores, como também para os alunos (Anderson, professor de Sociologia).
Português e Matemática, infelizmente, são o centro da escola (Lúcia, professora de Língua Portuguesa).

As respostas dos professores ressaltam que a presença das disciplinas de Língua Portuguesa e Matemática são fundamentais na escola, tendo em vista que são valorizadas também por outras instâncias fora dela. Assim, nos relatos de Anderson e Lúcia, os professores que lecionam essas duas disciplinas têm maior participação nas decisões pedagógicas e são responsáveis pelos índices das avaliações da unidade escolar. Como lembra Wallon (1975, 158), "as pessoas do seu meio não são senão ocasiões ou motivos para o sujeito se exprimir ou se realizar".

Nesse contexto, em que os diferentes saberes e componentes curriculares não possuem a mesma relevância, pode-se considerar que há prejuízos para a formação geral dos discentes. Além disso, esse aspecto contribui para a fragmentação das relações entre os docentes.

Assim, os professores são afetados ao perceber que sua atuação é mais ou menos valorizada em função do componente curricular com que atuam. Essa diferenciação entre os profissionais pode gerar contradições e tensões nos processos relacionais e, consequentemente, impactam os processos formativos que ocorrem na escola, o jogo coletivo presente nas relações profissionais e influenciam, sobretudo, as ações de formação continuada dos professores que ocorrem no contexto da própria escola. Ter em mente esse fator contribui para que o coordenador desenvolva situações de aprendizagem adequadas às necessidades do grupo docente.

1.2. As panelinhas e sua interferência no jogo coletivo da escola

Ao lermos as respostas dos professores à pergunta "Como você percebe as relações interpessoais na sua escola?", algo que chamou nossa atenção foi a importância que os professores dão aos grupos, bem como a menção recorrente do termo *panelinha*:

> Percebo que a maioria das relações interpessoais são grupos de professores que se reúnem por certas afinidades por tempo de casa ou afinidades pessoais ou interesses pessoais (Ricardo).
> Tenho poucas aulas, por isso não fico muito tempo na escola, meu convívio é mais na ATPC. Nessas reuniões percebo que tem um grupo de professores que se conhece há bastante tempo e se dá bem. Alguns professores, como eu, são mais reservados, e por isso com mais dificuldade de se relacionar (Diogo).
> Geralmente são boas. O grupo é muito unido. Claro que existem algumas panelinhas, mas nada de grave num ambiente de trabalho (Bianca).
> Em geral no período que leciono as relações me parecem satisfatórias. Com pequenos grupos isolados (Carla).
> As relações interpessoais acontecem de forma diferenciada em cada período, mas de uma maneira colaborativa. Geralmente os professores da mesma disciplina trabalham juntos e/ou agregam os demais de forma interdisciplinar. As relações de amizades são fortes, pois um grande número de profissionais já trabalham juntos há algum tempo, mas o pessoal que chega se sente bem acolhido (Rafael).
> Na escola, as relações interpessoais são do tipo panelinha (Marina). Como em todo o grupo de pessoas há aquelas que se identificam e formam as panelinhas, mas há um respeito mútuo por parte dos professores e demais funcionários (Cíntia).

Tais respostas nos levaram a questionar: o que são panelinhas? Por que elas existem na escola? Por que os professores se juntam em grupos? Em que medida as panelinhas influenciam/interferem no jogo coletivo? Como o coordenador pode realizar a formação diante de tal cenário? Nosso interesse ao analisar as respostas foi compreender em que medida as panelinhas poderiam interferir no jogo coletivo existente na escola.

O termo *panelinha*, em sentido figurado, é uma expressão empregada para se referir a um grupo fechado de pessoas que compartilham dos mesmos ideais ou objetivos, que tanto podem ser bons quanto ruins e não permitem a entrada de novas pessoas. Com base nessa definição, neste texto utilizamos os termos *panelinha* ou *subgrupos* como sinônimos.

Wallon (1986) aponta que a estrutura de um grupo não é meramente um conjunto de indivíduos. O grupo dependerá do que eles são e do que fazem, mas em troca ele lhes impõe suas exigências. Resume, assim, que a existência do grupo não se baseia somente nas relações afetivas dos indivíduos entre si, e, mesmo que seu objetivo seja mantê-las, a própria constituição do grupo impõe a seus membros obrigações definidas.

É o mecanismo de ajuste do sujeito ao grupo, que, ao possuir determinado objetivo ou função, adota determinada convenção para existir como grupo. Ao se referir a grupos, Wallon nos deixa um alerta sobre sua constituição: o grupo pode ter duas direções complementares e contraditórias; uma que une, com sentido agregador ("nós todos"), e outra que exclui, com o sentido de promover diferenciação ("nós, os outros").

Diante dessas duas posições, o termo *panelinha* pode tanto representar uma ideia positiva como negativa. Nas respostas dos professores, observamos uma aceitação natural das panelinhas. Bianca e Cíntia afirmam, por exemplo, que esses agrupamentos são inerentes ao ambiente de trabalho escolar. Nos subgrupos, os professores de um mesmo turno, segmento ou área do conhecimento se aproximam e qualificam as relações interpessoais.

Em uma perspectiva contrária, o termo *panelinha* pode remeter a uma ideia excludente, parecendo indicar que o pequeno grupo não está em consonância com o coletivo da escola. Quando as professoras Carla e Marina falam, respectivamente, de "pequenos grupos isolados" e de "relações interpessoais [...] do tipo panelinha", denotam a falta de articulação das panelinhas com o coletivo, em uma situação que pode se tornar problemática, já que parece manifestar, em grau maior ou menor, a falta de sintonia com os demais professores que não pertencem à panelinha. É o que Wallon chamou de "nós, os outros".

A formação desses subgrupos, nas escolas, com a característica de isolamento e resistência, interfere sobremaneira nos momentos de formação coletiva, espaços em que a participação de todos nas discussões e debates é fundamental. Nessas situações, as diferenças ficam marcadas tanto nos discursos quanto na linguagem não verbal, gerando cisões e desalinhamento que prejudicam o trabalho coletivo. Almeida (2015, 80) contribui esclarecendo que "a resistência é um mecanismo de defesa regulador que representa a reação do organismo à mudança, a fim de manter a estrutura do Eu", e pode se manifestar diante do desconforto em situações em que o professor se percebe "como não sabendo algo". A resistência do professor seria, portanto, um modo de manter sua própria estrutura, e também a da organização da escola. Nesse sentido, as panelinhas teriam um papel importante para o acirramento de resistências e da manutenção de comportamentos, portanto encaradas como lugar seguro, com respostas e atitudes previsíveis.

Canário também nos ajuda a compreender o fenômeno da formação de panelinhas. O autor considera a escola uma organização social, dando destaque a uma relação de apoio e cooperação entre os pares como elemento que contribui para o processo de desenvolvimento profissional de cada um.

> A ação humana não tem lugar em nenhum "vazio" social, ocorre sempre no quadro de sistemas de interação social que são sistemas coletivos de ação, mais ou menos formalizados. Os professores não fogem a essa regra, e a sua identidade e ação profissionais são construídas e vividas no contexto das escolas como organizações. As dimensões pessoais e coletivas do exercício da profissão docente são indissociáveis (CANÁRIO, 2007, 140).

É possível entender, portanto, que a interação social não acontece somente no coletivo maior, que seria o conjunto dos professores; e que as questões individuais e subjetivas interferem na identidade profissional e na formação dos agrupamentos.

Assim, subgrupos, ou panelinhas, sempre existirão na escola. Esse fenômeno já é aceito inclusive pelos próprios profissionais que atuam nesse contexto. Quando a professora Marina declara que, "na escola, as relações interpessoais são do tipo panelinha", parece se conformar com a ideia de que ali sempre existem subgrupos de professores.

Contudo, caminhando no sentido do "nós todos" a que se referiu Wallon, destacamos ser necessário que os coordenadores reservem momentos para vivenciar experiências produzidas pela convivência com os outros colegas, possibilitando dessa forma que os conhecimentos individuais e coletivos se entrelacem, transitando entre si o tempo todo. Caso a sociabilidade entre a parte (panelinha) e o todo (demais professores) não aconteça, podem-se prejudicar as relações na escola. É o que se pode perceber no relato do professor Diogo: "[...] percebo que tem um grupo de professores que se conhece há bastante tempo e se dá bem. Alguns professores, como eu, são mais reservados, e por isso com mais dificuldade de se relacionar". Diogo destaca que, por ter poucas aulas e ser mais reservado, possui certa dificuldade de se integrar ao grupo; apesar de atribuir essa dificuldade ao pouco período que passa na escola, não se pode desconsiderar que talvez não haja abertura dos subgrupos para ingresso de outros componentes.

Quando os subgrupos se fecham, a dinâmica coletiva fica prejudicada. A esse respeito, em pesquisa realizada em uma escola[5], Souza, Petroni e Dugnani (2015, 61) constataram:

> A grupalidade existia entre os professores, mas não de maneira positiva, pois o coletivo se sobrepunha à singularidade. A liderança de alguns impedia que outros se colocassem e, para as ações da gestão, isso se apresentava como um empecilho.

Ainda que consideremos que as panelinhas sejam algo inerente ao jogo coletivo de qualquer escola, entendemos que esse fenômeno também pode acarretar divisões, desentendimentos e isolamentos. Se o professor se sente só, se está sendo excluído ou isolado, sua motivação para o trabalho fica comprometida.

Ao afirmar que "as relações são satisfatórias", a professora Carla atribui esse fator aos "pequenos grupos isolados", ou panelinhas. Sinônimos para o termo *satisfatório* são: *aceitável, razoável, moderado*. Quando as relações na escola são apenas "satisfatórias", permanecendo no campo do "aceitável", torna-se difícil desenvolver um espírito colaborativo e amigável, tão importantes para tornar o ambiente de trabalho atrativo. Wallon (1986) ressalta que há entre os

---

5. Pesquisa publicada no artigo "A dimensão do trabalho do coletivo na escola: intervenções com a equipe gestora". A referência completa está ao final deste texto.

integrantes de um grupo o desejo de manter sua individualidade, de mostrar-se diferente dos demais. Mas há igualmente o desejo de pertencimento ao grupo. Umas dessas condições não satisfeitas, no caso o não sentir-se pertencente, pode gerar apatia e descompromisso.

1.3. As tonalidades nas relações instauram o jogo coletivo

Ainda sobre as respostas dos professores para a questão "Como você percebe as relações interpessoais na sua escola?", as afirmações nos pareceram indicar sensações com diferentes tonalidades, ora apontando agrado, ora desagrado.

Separadas as respostas em dois grandes blocos, Fragilidade nas relações e Relações harmoniosas, de acordo com as tonalidades que emergiram, foram identificados fatores que influenciam positivamente e negativamente as relações interpessoais, os quais estão registrados nos quadros 1 e 2.

Quadro 1: Respostas com tonalidades de desagrado à questão: "Como você percebe as relações interpessoais existentes na escola?".

FRAGILIDADE NAS RELAÇÕES	
Individualismo	**Isolamento**
"A respeito de relações entre professores, a individualização é predominante" (Jessica).	"Muitos assuntos são deixados de lado e muitos docentes se isolam da maioria" (Nelson).
"[...] pouco profundas. As relações são amistosas e dentro da formalidade, sem muito contato pessoal" (Anderson).	"Geralmente são boas. [...] Claro que existem algumas panelinhas" (Silvia).
"As relações interpessoais são marcadas pelo individualismo, pela superficialidade, ou seja, são relações doentias, [...] visam à disputa e não à construção coletiva do conhecimento. Hipocrisia reinando" (Marta).	"Em geral [...] me parecem satisfatórias. Com pequenos grupos isolados" (Rita).
"As relações visam tolerar as opiniões [...] contrárias" (Ester).	"Tenho poucas aulas, por isso fico muito pouco tempo na escola. Meu convívio maior é no ATPC" (Bárbara).

"São relações totalmente individuais, não existe integração e apoio" (Diogo).	"Como em todo grupo de pessoas, há aquelas que se identificam e formam as panelinhas" (Cíntia).
"Cada um tenta fazer seu papel" (João).	"No que diz respeito às relações pedagógicas, percebo isolamento, sem trabalhos e projetos em equipe, o que prejudica a interdisciplinaridade" (Joyce).
	"Percebo que são boas, apesar de os três períodos existentes na escola não se comunicarem muito" (Patrick).

A professora Joyce destacou bem a consequência do individualismo e isolamento nas relações pedagógicas: a escola fica "sem trabalhos e projetos em equipe, o que prejudica a interdisciplinaridade". Conforme Libâneo (2013, 33), as características de relacionamento entre as pessoas, "os modos de pensar e agir que se desenvolvem no cotidiano da escola entre professores, alunos e funcionários, expressam práticas grupais que afetam o trabalho na sala de aula". Esses fatores também contribuem para o estabelecimento de uma cultura individual na escola.

Mas não é somente o aspecto pedagógico do trabalho que fica prejudicado. Como seres sociais, sentimos a necessidade de convívio. Como afirma Wallon, "o indivíduo, se ele se apreende como tal, é essencialmente social. Ele o é, não em virtude de contingências externas, mas devido a uma necessidade íntima. Ele o é geneticamente" (WALLON, 1986, 164). Ou seja, a natureza social do homem não é acrescentada por circunstâncias externas, mas o social já está inserido no biológico, como uma necessidade, pois sem o social não se faz homem. É o convívio social que oferece as balizas para a expressão de emoções, sentimentos e paixão, que englobam a dimensão afetiva, bem como a expressão de pensamentos; é, enfim, a interação social que impõe possibilidades/limites ao desenvolvimento cognitivo-afetivo-motor do indivíduo.

Percebe-se nos depoimentos do quadro 1 o interesse em manter relações harmônicas no ambiente de trabalho. Lembrando que harmonia não implica necessariamente a ausência de conflitos, uma vez que os conflitos são inerentes às relações humanas. No entanto, Almeida (2012, 16) adverte que "o que impulsiona sentimentos e emoções são as necessidades; no contexto escolar, necessidades de apoio, de segurança, de valorização". Nos depoimentos percebemos que os professores Diogo e Marta se ressentem da pouca integração, apoio mútuo e espírito coletivo na escola, pois afirmam:

> São relações totalmente individuais, não existe integração e apoio; [...] as relações interpessoais são marcadas pelo individualismo, pela superficialidade, ou seja, são relações doentias, [...] visam à disputa e não à construção coletiva do conhecimento. Hipocrisia reinando.

Assim, as respostas observadas no quadro 1 fazem-nos perceber a necessidade de a equipe gestora da escola estar atenta às relações que se estabelecem entre os docentes, tendo em mente que é preciso haver um diálogo que promova o trabalho coletivo, e que o diálogo só ocorre com e na presença e participação do outro.

> Não há como pensar na escola como espaço coletivo se seus atores não a compreendem dessa forma, não viabilizam a grupalidade. Esse fato torna-se uma das impossibilidades de um movimento de transformação. Quando esse movimento não está presente, o diálogo não se torna possível, os conflitos negativos se sobressaem, o desrespeito impera (Souza; Petroni; Dugnani, 2015, 58).

Quadro 2: Respostas com tonalidades de agrado à questão: "Como você percebe as relações interpessoais existentes na escola?".

RELAÇÕES HARMONIOSAS	
Tempo na escola	**Colaboração/respeito**
"Nessas reuniões, percebo que há um grupo de professores que já se conhecem há bastante tempo e que se dão bem" (Bárbara).	"Em geral as pessoas se preocupam com as outras e tentam ajudar" (Adriano).
"As relações interpessoais são muito boas, pois o corpo docente e a gestão já estão há muito tempo na escola, o que proporciona confiança e apoio no cotidiano escolar e os novos ingressantes acabam por fazer parte de toda a equipe" (Wagner).	"Eu as percebo de forma agradável, pois há uma preocupação diária de um colega ajudar o outro" (Elaine).

"Percebo que a maioria das relações interpessoais são grupos de professores que se reúnem por certas afinidades, por tempo de casa ou afinidades pessoais ou interesses pessoais" (Juliana).	"As relações interpessoais acontecem de forma diferenciada em cada período, mas de uma maneira colaborativa. Geralmente os professores da mesma disciplina trabalham juntos" (Rafael).
"Geralmente os professores da mesma disciplina trabalham juntos há algum tempo, mas o pessoal que chega se sente bem acolhido" (Rafael).	"Muito boa. Existe colaboração de todos os envolvidos no processo de ensino-aprendizagem" (Ricardo).
	"Existe, na minha escola, uma ótima relação. Todos somos companheiros e nos ajudamos, na maioria do tempo" (Lucas).
	"As relações são respeitosas" (Paulo).
	"Percebo pela troca de informações" (Bianca).
	"Percebo que são boas […] quando se comunicam há muita cordialidade e respeito mútuo, independente da função ocupada" (Patrick).
	"As relações interpessoais se limitam a diálogos entre professores e alunos, troca de informações, entre outros" (Sueli).
	"Relativamente boas, com respeito e educação" (João).
	"O grupo de docentes é bem uniforme […], de forma geral tudo é discutido. Quanto à direção e coordenação, há grande participação e apoio na resolução de problemas" (Carlos).

Os relatos dos professores, conforme o quadro 2, mostram como se posicionam em relação à importância da atitude colaborativa do grupo. É possível perceber como as trocas construtivas contribuem para o desenvolvimento profissional.

As falas das professoras Elaine ("Eu as percebo de forma agradável, pois há uma preocupação diária de um colega ajudar o outro") e Sueli ("As relações interpessoais se limitam a diálogos entre professores e alunos, troca de informações, entre outros") revelam que relações pautadas em uma perspectiva colaborativa permitem trocas de experiências e de saberes, o que contribui tanto para a aprendizagem da docência como para uma sensação de acolhimento e partilha.

Ouvir o que o outro tem a dizer permite ao professor não somente pensar sobre sua atuação pedagógica, mas também criar uma empatia com o Outro docente, o que o faz sentir-se amparado. O professor Patrick deixa transparecer em seu depoimento a importância da comunicação para a criação de um ambiente de boas relações: "Percebo que são boas [...] quando se comunicam, há muita cordialidade e respeito mútuo, independente da função ocupada".

Não podemos deixar de destacar o importante papel da gestão escolar, direção e coordenação para o favorecimento do bom clima nas relações entre os professores. Alguns respondentes salientaram que a atuação da gestão na resolução de problemas favorece o desenvolvimento harmônico do grupo. Como menciona o professor Carlos: "O grupo de docentes é bem uniforme [...] de forma geral tudo é discutido. Quanto à direção e coordenação, há grande participação e apoio na resolução de problemas".

O estilo de gestão adotado na escola influencia as interações entre as pessoas do local, balizando formas de relacionamento e as mais variadas práticas. Segundo Libâneo (2013, 33), a gestão pode organizar a escola de modo que funcione "'cada um por si', estimulando o isolamento, a solidão e a falta de comunicação, ou pode estimular o trabalho coletivo, solidário, negociado, compartilhado".

Considerações finais

> *Quero encontrar a ilha desconhecida, quero saber quem sou quando nela estiver, Não sabes, Se não sais de ti, não chegas a saber quem és [...] todo homem é uma ilha [...] é necessário sair da ilha para ver a ilha*
> (SARAMAGO, 1998).

Nessa história alegórica de Saramago, um homem pede ao rei um barco para encontrar uma ilha desconhecida. Vislumbrava encontrar nesse local algo melhor, bem como respostas que o ajudassem em seu autoconhecimento. Mas o verdadeiro conhecimento se deu no caminho, com os aprendizados e os encontros que foram surgindo.

Em nossa trajetória como gestores e professores, às vezes mudamos de escola pensando encontrar condições que nos possibilitem realizar um bom trabalho. Mas a escola ideal, tal como a ilha do conto, está em nosso imaginário. Essa sensação é parecida com o relato de uma coordenadora:

> Por quatro anos fui CP de EMEI, mas enquanto estive nesse cargo não me identificava com as peculiaridades desse segmento. As professoras da educação infantil estavam sempre atentas aos componentes afetivo-emocionais ao lidar com as criancinhas; confesso que sempre achei que um verdadeiro educador devia estar mais atento ao desenvolvimento cognitivo. Hoje como diretora de escola de fundamental II percebo como a experiência da EMEI me constituiu como profissional. Ao lidar com professores especialistas sinto falta do "olhar do afeto" daquelas professoras.

Nosso cotidiano é formado de idas e vindas, conflitos e acordos; movimentos inerentes ao processo das relações humanas, marcados por construções e desconstruções de ideias, de emoções, sentimentos e paixões.

As respostas dos professores participantes da pesquisa, bem como o depoimento da coordenadora, nos autorizam a sugerir aos coordenadores que observem atentamente as interações entre os docentes de sua escola, para, a partir disso, apreender na dinâmica desse movimento como se dão as relações. Nessa direção, algumas indagações podem ajudar: "Os subgrupos estão reagindo de maneira antagônica ao coletivo? Quais são os papéis assumidos por seus membros? Como são as panelinhas na minha escola? Será que estão prejudicando o trabalho interdisciplinar? Em minha escola cultiva-se a valorização e integração de professores dos diferentes componentes curriculares? Como estão as tonalidades nas relações? Será que as relações evidenciam individualismo e isolamento?". Em uma perspectiva dialética não existe certo ou errado para cada uma dessas perguntas, mas a atuação mais adequada para cada contexto.

Ao pensar nos processos formativos que envolvem professores e gestores, sobretudo coordenador pedagógico, é importante ter em conta que a figura do professor precisa ser valorizada sob diversos aspectos; um deles é propiciar um sentimento de pertença ao grupo, pelo qual se reconhece sua dimensão singular e social, valorizando suas iniciativas pessoais e profissionais e estimulando a partilha de suas experiências com os demais componentes do grupo. Almeida e Mahoney (2011, 121) indicam de maneira oportuna como esse sentimento de pertença pode ser potencializado nos momentos de formação coletiva: "É importante que se viabilize a formação de outros grupos, além dos espontâneos, propiciando o convívio com o igual e o diferente". Pensando nas contribuições de Canário para o conceito de jogo coletivo, Almeida (2013, 12) assevera:

> Os processos formativos que focalizam só o professor sem levar em conta o contexto (a escola) no qual atua, estão fadados, via de regra, ao insucesso. É no contexto do trabalho do professor que se deve investir, instituindo uma dinâmica formativa visando à escola como um todo.

Assim, ressalta-se a importância de perseguir o envolvimento da parte (professor) com o todo (grupo de professores) e do todo com a parte, em uma visão dialética na qual os envolvidos no processo de ensinar e aprender tenham seu valor e sua contribuição reconhecidos pela totalidade dos sujeitos que compõem a escola.

As habilidades de relacionamento interpessoal podem ser desenvolvidas tanto pela via da reflexão como pela via experiencial, isto é, criando condições para que na situação de formação os docentes sejam ouvidos, considerados, compreendidos, momentos nos quais as relações interpessoais favorecem o acesso ao conhecimento.

Conhecer a cultura organizacional, perceber em que medida ela afeta as pessoas e o ambiente, saber que o jogo coletivo é constituído por essa cultura e é constituinte das relações interpessoais é o primeiro passo em direção à criação de um clima de incentivo para que as pessoas da escola se envolvam como equipe. Mas não basta transitar pela esfera do conhecer; é necessário avançar de forma planejada, tendo em mente que a cultura da escola "pode ser modificada pelas próprias pessoas, ela pode ser discutida, avaliada, planejada, num rumo que responda aos propósitos da direção, da coordenação pedagógica, do corpo docente" (LIBÂNEO, 2013, 94).

É importante que o coordenador não perca de vista que relações pedagógicas e interpessoais facilitadoras da aprendizagem e desenvolvimento dos alunos, professores e gestores se constroem ao longo do tempo, mesmo quando intencionadas. Importa ainda lembrar que a legitimidade do coordenador pedagógico é uma conquista cotidiana, na busca de formação sólida, de uma comunicação autêntica, de uma escuta atenta e de "cultivar a leveza" (ALMEIDA, 2015).

Referências

ALMEIDA, L. R. A dimensão relacional no processo de formação docente. In: BRUNO, E. B. G.; ALMEIDA, L. R.; CHRISTOV, L. H. S. (org.). *O coordenador pedagógico e a formação docente*. São Paulo: Loyola, [13]2015.

_____. Cognição, corpo e afeto. *Revista Educação*, História da Pedagogia 3, São Paulo, out. 2010.

ALMEIDA, L. R.; MAHONEY, A. A. A psicogenética walloniana e sua contribuição para a educação. In: AZZI, R. G.; GIANFALDONI, M. H. T. A. *Psicologia e educação*. São Paulo: Casa do Psicólogo, 2011.

_____. A pesquisa sobre afetividade, aprendizagem e educação de jovens e adultos. Explicitando por que, para que e como. In: ALMEIDA, L. R. (org.). *Afetividade, aprendizagem e educação de jovens e adultos. Relatos de pesquisa na perspectiva de Henri Wallon*. São Paulo: Loyola, 2012.

_____. Formação centrada na escola: das intenções às ações. In: ALMEIDA, L. R.; PLACCO, V. M. N. S. (org.). *O coordenador pedagógico e a formação centrada na escola*. São Paulo: Loyola, 2013.

BRUNO, E. B. G.; ALMEIDA, L. R. As relações interpessoais e a formação inicial do coordenador pedagógico. In: PLACCO, V. M. N. S.; ALMEIDA, L. R. (org.). *O coordenador pedagógico e os desafios da educação*. São Paulo: Loyola, 2008.

CANÁRIO, R. A escola, o lugar onde os professores aprendem. *Psicologia da Educação*, n. 6 (1998) 9-28.

_____. A prática profissional da formação de professores. In: PROENÇA, H. H. D. M. P. et al. *V Seminário Fala outra Escola*. Caderno GEPEC, 2010.

_____. Formação e desenvolvimento profissional dos professores. *Comunicações da conferência. Desenvolvimento profissional de professores para a qualidade e para a equidade da aprendizagem ao longo da vida*. Portugal: Presidência Portuguesa do Conselho da União Europeia, 2007, 133-148. Disponível em: <http://d.scribd.com/docs/1k5w5s3n5dkfovkuc1v1.pdf>. Acesso em: 11 abr. 2017.

DUBAR, C. *A socialização. Construção das identidades sociais e profissionais*. São Paulo: Martins Fontes, 2005; Porto: Porto Editora, 1997.

LIBÂNEO, J. C. *Organização e gestão da escola. Teoria e prática*. São Paulo: Heccus, 2013.

SARAMAGO, José. *O conto da ilha desconhecida*. São Paulo: Companhia das Letras, 1998.

SOUZA, V. L. T.; PETRONI, A. P.; DUGNANI, L. A. A dimensão do trabalho do coletivo na escola. Intervenções com a equipe gestora. In: PLACCO, V. M. N. S.; ALMEIDA, L. R. (org.). *O coordenador pedagógico no espaço escolar. Articulador, formador e transformador*. São Paulo: Loyola, 2015.

WALLON, H. *As origens do caráter na criança. Os prelúdios do sentimento de personalidade*. São Paulo: Difusão Europeia do Livro, 1971.

_____. *Psicologia e pducação da infância*. Lisboa: Estampa, 1975.

_____. *Evolução psicológica da criança*. Lisboa: Edições 70, 1995.

_____. O papel do outro na consciência do Eu. In: WEREBE, M. J.; NADEL-BRULFERT, J. (org.). *Henri Wallon*. São Paulo: Ática, 1986, 158-167. [Originalmente publicado em 1959].

Indisciplina escolar: uma proposta de formação com base na cadeia criativa

Natália Peixoto Trevisan[1]
natatrevi@gmail.com
Fernanda Coelho Liberali[2]
fcliber@terra.com.br

O presente artigo é fruto do trabalho final do mestrado profissional em Formação de Formadores (PUC-SP), sob orientação da professora doutora Fernanda Coelho Liberali, defendido em outubro de 2016. A partir do estudo da indisciplina presente em uma instituição de ensino fundamental II, foi pensada uma proposta de formação aos profissionais da escola com base na cadeia criativa (LIBERALI, 2010), que visa envolver ativamente os participantes no processo de estudo, formação e acompanhamento. Entretanto, essa proposta não foi aplicada até o momento da publicação deste artigo[3], que está organizado da seguinte forma: introdução, em que é feita a descrição da pesquisa, aporte teórico, análise dos dados coletados e a proposta de formação criada.

---

1. Professora de educação básica — Língua Portuguesa — no município de Poá desde 2014, mestre profissional em Formação de Formadores (Formep) pela PUC-SP.
2. Pesquisadora e professora dos programas de pós-graduação em Linguística Aplicada e Estudos da Linguagem (Lael) e Formação de Formadores (Formep).
3. A pesquisa foi realizada e defendida em 2016, mas, como a proposta de formação não foi aplicada, não serão abordados os resultados da formação proposta.

Introdução

Sabe-se que a indisciplina é um fenômeno presente em muitas escolas brasileiras, sobretudo as de educação pública. Vasconcellos (2009) aponta a falta de preparo que muitos profissionais recebem em suas formações para enfrentar essa realidade e quão despreparados se sentem diante disso (PAPPA, 2004; GARCIA, 2009; LEDO, 2009; MORICONI; BÉLANGER, 2015). Alguns até abandonam a carreira docente ou adoecem ao deparar com a indisciplina em sala de aula (CHAVES, 2005). Com base nessa situação, pode-se dizer que o entendimento e as atitudes dos profissionais da educação são fundamentais para o estabelecimento de um funcionamento escolar baseado em regras justas, autoridade e disciplina. Para isso, há a necessidade de investir na formação docente, que visa promover transformações em toda a dinâmica escolar.

Perguntou-se, então: o que se pode fazer em termos de formação docente para lidar com o tema da indisciplina? Para tal, o objetivo de pesquisa realizada foi investigar os sentidos (VYGOTSKY, 2005) de indisciplina presentes em uma escola de ensino fundamental II da rede municipal de Poá (SP) e, a partir deles, construir uma proposta de intervenção formativa para os profissionais envolvidos, a fim de promover reflexões coletivamente sobre os casos de indisciplina e a possível condução das situações conflituosas cotidianas.

Para chegar aos resultados, pensou-se em investigar o que é prescrito em termos de indisciplina nos documentos oficiais da escola (Projeto Político Pedagógico e Regimento Interno Escolar) e compreender, por meio dos registros de casos de indisciplina e das falas dos profissionais, as concepções dos gestores, professores e alunos envolvidos sobre os sentidos de indisciplina que estão operando na instituição.

O trabalho partiu da perspectiva de Rego (1996), que entende que a disciplina pode ser um objetivo a ser trabalhado pela escola como resultado de práticas educativas, mas acaba sendo um pré-requisito para seu funcionamento. Assim, essa é uma questão que deve ser trabalhada em grande medida pelos profissionais envolvidos no processo educativo, para que suas práticas promovam um bom convívio e uma postura crítica e participativa dos alunos. E a formação docente acaba entrando em cena, sendo a porta de entrada para a produção de conhecimentos a partir de situações desafiadoras do cotidiano, como é o caso da indisciplina.

Liberali e Fuga (2012) apontam que a superação das restrições e contradições das práticas escolares pode acontecer de forma conjunta, por meio da argumentação. A linguagem situada nas práticas sociais estaria a serviço da produção criativa de novos significados e engajamento entre os participantes durante a formação docente. Assim, pode-se construir uma visão criativa e colaborativa da atividade escolar na qual os participantes, em cadeia criativa, produzem de forma compartilhada o conceito de indisciplina para a escola.

Por esta razão, a pesquisa teve como abordagem teórico-metodológica a Pesquisa Crítica de Colaboração (PCCol), que se apoia nas discussões da Teoria da Atividade Sócio-Histórico-Cultural e embasa diversas pesquisas com formação de educadores em contexto escolar (MAGALHÃES, 2012, 14), isto é, a análise diagnóstica do contexto é feita de maneira crítica, e a proposta criada com base nessa análise tem intenção colaborativa.

A PCCol pretende criar relações colaborativas na produção de conhecimento crítico sobre as práticas escolares organizadas de modo voluntário e intencional que visem à "transformação de si e do outro, dos contextos particulares de ação e do mundo, em práticas sócio-histórico-culturalmente produzidas" (MAGALHÃES, 2012, 14). A ideia central é a criação de comunidades de prática que têm a linguagem como organizadora da produção de significados nessas relações, a fim de que as ações sejam transformadoras da sociedade como um todo. Assim, é possível que tanto pesquisadores quanto participantes discutam sentidos contraditórios atribuídos ao objeto da atividade. Isto se dá por meio de ações recíprocas e intencionalmente pensadas que se organizam dialética e dialogicamente e que, por sua vez, possibilitam oportunidades em que os participantes possam repensar as próprias ações e modos de agir a fim de construírem um contexto coletivo de negociação e novos sentidos.

Em função disso, foi feita uma pesquisa documental do Projeto Político Pedagógico (PPP) e do Regimento Interno Escolar a respeito do tema Indisciplina, pois são documentos que servem como diretrizes de trabalho dentro da escola. Além disso, foram analisados os cadernos de ocorrências de cada uma das turmas, por conterem informações sobre as situações de indisciplina presentes no cotidiano da escola por meio do registro dos professores. Cabe ressaltar que os registros escritos pelos professores refletem a queixa de indisciplina presente no cotidiano e servem de informação para se pensar na dinâmica escolar no tocante ao tema.

Da mesma forma, as pautas usadas para as Assembleias Escolares trazem críticas que os próprios alunos fazem sobre diversas questões do dia a dia, entre elas questões disciplinares. Entretanto, esses registros não são fontes completas de informação; para melhor captar os sentidos de indisciplina presentes nas concepções dos envolvidos, foram aplicados questionários em sete alunos, treze professores e cinco gestores, sendo estes: uma diretora, duas vice-diretoras e dois coordenadores pedagógicos.

A escola onde foi feito o estudo é exclusiva de ensino fundamental II e possui quinze salas de aula, funcionando nos períodos matutino e vespertino. Localiza-se na região central do município de Poá e tem recebido visibilidade por apresentar o maior Ideb da região do Alto Tietê (nota 6,2 segundo o *site* do Inep para o ano de 2016). Possui aproximadamente 915 alunos, 60 professores e 5 gestores. A clientela é formada basicamente por estudantes provenientes de famílias de classe média residentes no município de Poá.

Aporte teórico

Para delinear os conceitos de sentido e significado, foram utilizadas como base as ideias de Vygotsky (2005). Para ele, o sentido de uma palavra seria a soma dos fatos psicológicos que ela ativa na consciência, sendo fluido e dinâmico, mas também com zonas de estabilidade variada. Já o significado seria apenas uma dessas zonas do sentido que a palavra adquire dentro de um contexto, sendo a mais estável, uniforme e exata.

O sentido confere um enriquecimento das palavras a partir do contexto, e essa é a lei fundamental da dinâmica do significado das palavras. Dependendo do contexto, uma palavra pode significar mais ou menos o que significaria se considerada isoladamente, ou seja, pode chegar a adquirir um novo conteúdo ou tê-lo restrito e limitado.

Isso mostra que o sentido de uma palavra é um fenômeno complexo, móvel e variável, modificando-se a depender das situações que se constroem. Sabe-se que as palavras podem mudar de sentido, mas o autor mostra que o sentido também pode mudar as palavras, isto é, as ideias frequentemente mudam de nome, ou seja, "as palavras e os sentidos são relativamente independentes entre si" (VYGOTSKY, 2005, 182).

Por essa razão, Leontiev (2001a apud LIBERALI, 2009) aponta que o significado poderia ser visto como uma produção social convencionada com uma relativa e estável natureza de pensamento de que os seres humanos se apropriam e é considerado um processo, algo não concluído, ou seja, uma unidade dinâmica situada na história e que constrói o discurso, sendo a via mais importante na qual o comportamento individual pode ser mediado por meio da experiência social.

Uma palavra pode continuar sendo a mesma, mas seu objeto correspondente é percebido de diferentes maneiras. O sentido individual em um discurso inclui atributos moldados pela cultura e apropriados pela interação social. Para ele, sentido não é simplesmente individual, mas afetado pelos interesses de um grupo (LEONTIEV 2001a apud LIBERALI, 2009).

Dessa forma, a produção de significados compartilhados parece emanar da luta estabelecida nas atividades entre significados cristalizados e sentidos subjetivos compartilhados. O sentido existe, então, somente na relação com outro e é sempre situado em um contexto histórico, fazendo que o significado seja sempre renovado (LIBERALI, 2009).

Isso quer dizer que podem coexistir diferentes sentidos de indisciplina no contexto escolar estudado e é possível extrair deles um significado compartilhado pelo grupo, para que haja uma maior consonância nas ações voltadas ao manejo da indisciplina. Fez-se necessário, então, analisar quais são esses sentidos de indisciplina presentes na instituição e, a partir deles, delinear um modo de trabalho colaborativo com a cadeia criativa, a fim de proporcionar uma nova produção de conhecimento sobre o tema no ambiente escolar. Para classificar e compreender as *visões de indisciplina* que operam nessa instituição, foi utilizado um aporte teórico baseado em diversos autores que tocam no tema Indisciplina. Ele se apresenta resumidamente no quadro 1 a seguir.

Quadro 1: Visões de indisciplina.

Visão de indisciplina	Autores que abordam/criticam	Características	Postura da instituição	Comportamento almejado
Tradicional	FOUCAULT (1987)	Educação rígida. Regras impostas. Relação autoritária. Saber transmissivo, "bancário" (proposto por Paulo Freire).	Sanções. Punições. Vigilância. Exame, controle do tempo e espaço, molda comportamentos.	Obediência. Submissão. Controle dos corpos. Padronização.
Associada à moral	YVES DE LA TAILLE (1996)	Deveres e regras estabelecidos socialmente que limitam direitos individuais em nome do "bom" convívio, respeito a regras morais.	Ensina a controlar impulsos e tendências incivilizadas. Humanização.	Convívio harmônico entre pessoas, respeito aos direitos e à dignidade. "Bons modos".
Psicologizante	AQUINO (1996, 1998a, 1998b) PATTO (2013)	Atribui ao aluno o fracasso escolar (aluno-problema). Fatores familiares e sociais como causas da indisciplina.	Frequentes encaminhamentos a especialistas. Solicitação da presença de pais para resolverem questões disciplinares. Isenção de responsabilidade da instituição.	Comportamentos considerados normais. Evitar comportamentos "anormais". Aluno deve se adequar à realidade da instituição.
Epistemológica	VASCONCELLOS (2009)	Disciplina é vista como esforço sistemático e metódico de produção de conhecimento.	Cobrar o rigor no processo epistemológico de conhecimento.	Esforço na construção de conhecimento. Adequação a práticas sistemáticas de estudo.

Consciente e interativa	VASCONCELLOS (2009) VYGOTSKY (2005; 2010b)	Escola como espaço de negociação e construção coletiva de regras justas a serem seguidas por todos. Envolvimento dos participantes.	Diálogo. Estruturar ambiente que propicie construção de valores. Reflexão.	Respeito. Cidadania. Responsabilidade na construção do conhecimento. Participação crítica e investigativa. Transformação.

Fonte: Inspirado em NOVAIS (2012).

Análise e discussão dos dados

A fim de construir uma proposta de formação aos profissionais da instituição estudada sobre o tema Indisciplina, foram analisados os documentos oficiais (PPP e Regimento Interno Escolar), os registros escritos sobre situações de indisciplina em cadernos de ocorrências e em pautas de assembleias escolares e as falas de questionários aplicados aos gestores, professores e alunos sobre o tema. Em todos os casos, buscou-se compreender qual visão de indisciplina (de acordo com autores mencionados anteriormente) estava presente nos trechos.

Sobre os documentos

Uma breve síntese do conteúdo de cada documento é apresentada a seguir.

Quadro 2: Síntese de conteúdos.

PPP	Traz como objetivo central a construção de um indivíduo autônomo, crítico, dotado de valores éticos, que exerça sua cidadania de forma consciente, fazendo uma relação com a *visão consciente e interativa de indisciplina* (VYGOTSKY, 2005, 2010b; VASCONCELLOS, 2009) proposta anteriormente.
Regimento Interno Escolar	Apresenta as normas de convívio que devem ser seguidas dentro da unidade escolar. Neste, fala-se em medidas disciplinares como advertências, retirada do aluno da sala de aula, comunicação com pais, suspensões e transferência compulsória, aproximando-se da *visão tradicional de*

	indisciplina (FOUCAULT, 1987) previamente apresentada, já que faz uso de instrumentos disciplinares e sanções. Além disso, apresenta direitos e deveres dos diversos grupos participantes da comunidade escolar e sistematiza suas ações e a abrangência de atuação de cada um.

Enquanto no PPP tem-se referência a uma educação integral, de valores e cidadã, no Regimento encontram-se inúmeras normas de comportamento detalhadas e suas referidas consequências, apesar de também se mostrar ocupado da formação ética dos alunos; mas essas normas já vêm prontas e determinadas para serem seguidas.

Sobre os registros

Os registros foram fonte de informação sobre os casos concretos e cotidianos de indisciplina. Os cadernos de ocorrências são usados pelos professores para o registro de informações disciplinares dos alunos, mas também aparecem informações sobre desenvolvimento acadêmico, realização de tarefas e até elogios sobre a postura dos alunos. Cada sala possui um caderno de ocorrências, e foram analisados os registros encontrados nos trinta cadernos da escola e categorizados como mostra o gráfico a seguir.

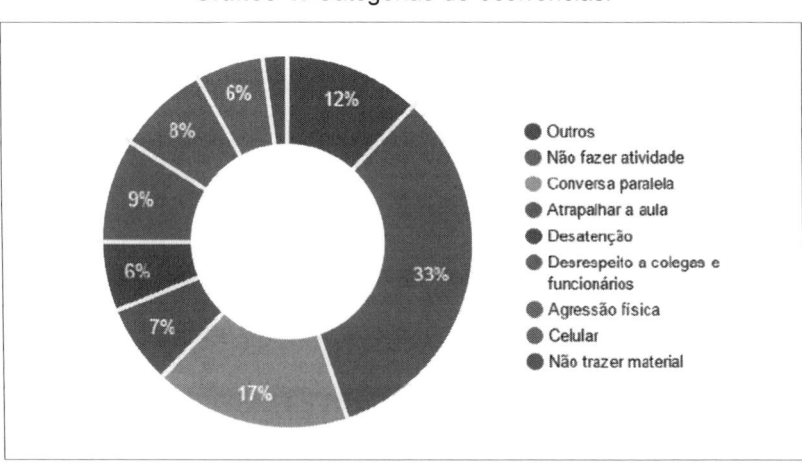

Gráfico 1: Categorias de ocorrências.

Percebe-se que a maioria das ocorrências que aparecem nos cadernos refere-se à não execução de tarefas, conversas paralelas e não participação no processo de ensino-aprendizagem. Os registros dos alunos também foram analisados por meio das pautas das assembleias escolares (projeto que acontece desde 2016 na escola), nas quais escrevem sugestões e críticas que serão discutidas pelo grupo discente nas assembleias. Nesses registros há alguns exemplos de falas sobre a questão disciplinar.

Abaixo seguem alguns dos exemplos encontrados tanto nos registros dos professores quanto nos dos alunos.

Quadro 3: Registros.

Registros	Exemplos de registros escritos
Cadernos de ocorrências	"16/6 O aluno insiste em mascar chicletes durante a aula de arte. Professora A" — categoria **Outros (Mascar chicletes)**. "14/9 A aluna passou a aula toda conversando com os alunos C e D" — categoria **Conversa paralela**. "25/5 O aluno esteve conversando a aula toda, atrapalhando os colegas e tumultuando a aula. Professor M" — categorias **Conversa paralela** e **Atrapalhar a aula**. "O aluno não realizou o trabalho de arte (valor 10,0 pontos). Professor B" — categoria **Não fazer atividade**.
Pautas de assembleias escolares	"Não mexer nas coisas dos outros enquanto eles não estiverem na sala." "A sala desrespeita muito." "Não deixam a professora falar." "Não interromper o professor quando ele explica a lição." "Tem certos alunos que praticam agressões e xingamentos, brincadeiras sem graça, agressões físicas e verbais e muitos palavrões."

A fala dos professores mostra que não há consenso entre os sentidos de indisciplina e que, portanto, parece não estar havendo uma mesma direção no trabalho docente. Outro ponto que pode ser questionado é se esses cadernos, de fato, funcionam como controladores das atitudes discentes ou se perderam essa função e acabam servindo como um desabafo do professor que passa por dificuldades em sala de aula.

Se nos documentos aparecem as *visões tradicional e consciente e interativa de indisciplina*, estas também estão presentes nos registros dos professores, uma vez que alguns mostram preocupação com a transgressão das regras normativas prescritas pelos documentos, enquanto outros acreditam que as normas podem ser criadas pelo coletivo respectivamente. Além disso, a *visão associada à moral* (TAILLE, 1996) também está presente nas falas sobre momentos em que o aluno não foi ético ou respeitoso com o outro ou se recusou a participar do processo de ensino-aprendizagem, prejudicando a si e ao grupo.

Já a fala dos alunos revelou que eles não participaram ativamente da construção das regras escolares apresentadas no Regimento Interno. Eles não fazem tantas críticas a aulas monótonas ou relações de indisciplina com a prática pedagógica na folha, apesar de comentarem isso com a pesquisadora, também professora da escola, na forma oralizada e espontânea. Também comentam de modo informal sobre a grosseria que alguns professores apresentam no trato com eles, mas essa queixa não aparece por escrito.

Parece que alguns alunos adotam o discurso da autoridade e do regimento para criticar atitudes de colegas e buscar a ordem no ambiente, mostrando aproximação com a *visão tradicional de indisciplina* (FOUCAULT, 1987). Outros, no entanto, entendem a disciplina como ética e "bons modos" em sala de aula e demonstram ter consciência do que seria aceitável pelo grupo ou não. Parecem valorizar as aulas e sabem, no geral, sobre a autoridade do professor e o papel da educação, interessando-se de certa forma pelo ensino. Um fato curioso é que manifestam preferir aulas divertidas (de acordo com algumas falas), mas talvez não haja tantos espaços na escola em que podem se divertir ou se manifestar livremente.

Sobre os questionários

A fim de compreender os sentidos de indisciplina presentes na visão dos profissionais envolvidos, aplicaram-se questionários, que foram respondidos pelos cinco gestores da instituição: uma diretora, duas vice-diretoras e dois coordenadores pedagógicos. O mesmo questionário aplicado aos gestores foi também oferecido a dezenove docentes; apenas treze foram respondidos e entregues à pesquisadora. A escolha dos professores foi aleatória, buscando profissionais de idades, disciplinas e perfis diferentes. Um questionário também foi oferecido a doze alunos de 7°, 8° e 9° anos de maneira aleatória e possui perguntas iguais ou equivalentes ao dos profissionais, mas apenas sete entregaram as folhas preenchidas e acompanhadas pelos TCLEs devidamente assinados pelos responsáveis. Abaixo seguem alguns exemplos de respostas:

Quadro 4: Exemplos de respostas.

Segmento Questionado	Exemplos de respostas à questão: "O que é indisciplina para você?"
Gestores	**Gestor 2:** "A indisciplina se dá quando o aluno não segue as regras estabelecidas pelo grupo." **Gestor 5:** "O não cumprimento de regras e normas impostas, alunos sem limites e situações de mal comportamento que prejudicam o andamento do ensino-aprendizagem." **Gestor 1:** "É o momento no qual o(s) aluno(s) utiliza de subterfúgios para se excluir do processo ensino-aprendizagem, interferindo negativamente no decorrer das aulas, atrapalhando também o momento de quem quer aprender, tirando o direito de aprender de muitos."
Professores	**Prof. E:** "Desrespeito às regras em sala de aula." **Prof. J:** "Não seguir um padrão de comportamento estabelecido social e culturalmente; desrespeitar regras e acordos construídos coletivamente." **Prof. K:** "Comportamento causado por falta de padrões éticos e preestabelecidos." **Prof. M:** "Na minha opinião, indisciplina é um conjunto de situações que desrespeitam o próximo e também a si mesmo frente a uma situação comum aos envolvidos num determinado processo."
Alunos	**Aluna 3 (8° ano):** "É quando um aluno desrespeita o professor." **Aluno 4 (9° ano):** "Quando você não faz o que se deve, não respeita os mais velhos." **Aluna 2 (7° ano):** "Indisciplina é tipo por exemplo: se o seu professor pede para você não comer na sala, aí você vai lá e come e o professor vê e briga com você e você responde. Sim, eu acho que isso é indisciplina."

Com base nessa investigação sobre os sentidos de indisciplina na instituição analisada, pode-se dizer que os dois documentos que regem as ações da escola possuem um descompasso entre si. Enquanto o PPP se aproxima mais de uma *visão consciente e interativa de indisciplina* (VYGOTSKY, 2005, 2010b; VASCONCELLOS, 2009), por meio da construção de um aluno crítico, autônomo e cidadão, o Regimento Interno se aproxima mais de uma *visão tradicional* (FOUCAULT, 1987), estabelecendo sanções e normas que visam padronizar comportamentos, além de trazer essas normas prontas para serem seguidas, em vez de serem criadas pelo próprio grupo no contexto. Além disso, as práticas vigentes da escola, representadas pelos cadernos de ocorrências e registros das pautas de assembleias escolares, mostram que os professores não possuem um consenso sobre indisciplina e que muitos dos exemplos de registros encontrados referem-se ao aproveitamento dos estudos, ao desrespeito entre alunos e colegas ou funcionários e, em menor escala, ao cumprimento de normas. Já os alunos trazem à tona a questão do respeito e "bons modos" em sala de aula (TAILLE, 1996), mas também apontam para o seguimento de normas e, de maneira secundária, a dinâmica das aulas.

Os questionários revelaram os sentidos que cada profissional possui acerca do tema Indisciplina. Os gestores se aproximaram de uma *visão tradicional e psicologizante de indisciplina* (AQUINO, 1996; PATTO, 2013) por relacionarem indisciplina com o não cumprimento de normas oficiais e por considerarem que o aluno pode ser o detentor de problemas de adaptação à instituição. Como exemplos, trouxeram pontos relacionados ao desrespeito e violência em contexto escolar.

Os professores se dividiram, na maior parte, em *visão consciente e interativa e tradicional*. Enquanto alguns salientam a questão das normas impostas e sanções disciplinares, outros compreendem que as normas podem ser construídas coletivamente. Em menor número, apresentaram a *visão associada à moral* (TAILLE, 1996) que relaciona a disciplina com respeito interpessoal e trouxeram como exemplos situações que em sua maioria também envolvem "bons modos".

Por fim, os alunos entendem o termo como desrespeito, principalmente, apresentando uma concepção mais sintonizada com a *visão associada à moral*, e também trazem exemplos que envolvem respeito e ética entre os indivíduos. Apesar da divergência no entendimento da definição de indisciplina, todos os segmentos estudados apontam como situações indisciplinadas questões que envolvem respeito e ética.

Todos os segmentos, ou seja, gestores, professores e alunos de modo geral, ainda mostraram entender que o diálogo e a conscientização são as melhores maneiras de lidar com a indisciplina.

Entretanto, pode-se pensar que os registros de ocorrências e de assembleias mostram que, na prática, a busca é não apenas pelo respeito, mas também pelo cumprimento de normas e aproveitamento dos estudos, pontos que estão contemplados nos documentos oficiais da escola e realmente servem de parâmetro para as ações escolares. Dessa forma, as visões e ações sobre indisciplina na escola são variadas, o que quer dizer que poderiam estar caminhando na mesma direção, mas não estão. Tem-se, também, que o respeito e "bons modos" no ambiente escolar estão sendo valorizados por todos, e o diálogo foi citado como a melhor maneira de tratar a indisciplina.

Assim, a proposta de formação baseada na cadeia criativa pode contemplar a produção de conhecimento a partir da alteridade nas visões de indisciplina presentes no grupo de participantes, a fim de que o grupo possa construir ações com um direcionamento compartilhado e intencionalmente buscadas com vistas à superação das necessidades que se apresentam. Leva em consideração, ainda, um momento de estudo coletivo em que todos os participantes envolvidos possam construir novos significados por meio do compartilhamento de sentidos e de estudos teóricos que poderão contribuir com visões diversas também, para que esse significado seja revisto e ressignificado com base nos autores e na prática contextualizada. Por fim, essa proposta tem como objetivo conferir autonomia para que a própria escola estude, recrie significados e avalie suas ações posteriormente. Isso envolverá um esforço coletivo de todos os participantes que se implicarem nesse processo de transformação.

Bases teóricas da formação

A proposta de formação parte da divergência de sentidos e concepções sobre indisciplina que os profissionais possuem a fim de produzir novos conhecimentos sobre o tema, por meio do compartilhamento dialógico proporcionado pela cadeia criativa. Essa proposta visa, ainda, contribuir para o desenvolvimento profissional dos envolvidos. Nóvoa (2009, 37-38) acredita na necessidade de que a formação de professores volte a ser responsabilidade dos professores, e não de agentes externos e especializados.

O desenvolvimento profissional é "qualquer intenção sistemática de melhorar a prática profissional, crenças e conhecimentos profissionais, com o objetivo de aumentar a qualidade docente, de pesquisa e de gestão" (IMBERNÓN, 2011, 47). Partindo dessa ideia, pode ser entendido como uma atitude permanente de indagação, de formulação de questões e procura de solução" (GARCIA, 2009, 9).

Aliado a essas concepções, tem-se o conceito de cadeia criativa, que se refere à plasticidade humana e sua capacidade de transformar-se, tornando o homem responsável e consciente no processo de enfrentamento de novas situações e necessidades de forma inventiva, o que resultará em novos produtos. Esse processo "exige dos sujeitos a consciência reflexiva das ações em desenvolvimento para sua possibilidade de libertação" (LIBERALI, 2010, 7). Além disso, pauta-se na ideia de rede em atividade[4], visando a um comprometimento com a melhoria de vida nas comunidades.

Para que ela se efetive, a intencionalidade é ser um elemento central para que os sujeitos, de maneira reflexiva, se engajem na produção criativa de artefatos (instrumentos) que, por sua vez, poderão ser partilhados em nome de uma transformação contextual mais ampla. A cadeia criativa, portanto, implica parceiros em atividade produzindo significados compartilhados a partir de uma rede de influências intencionais. "Nesse caso, a argumentação age no sentido de promover o compartilhamento e a produção conjunta de significados" (LIBERALI, 2010, 12).

A proposta de formação construída

Para que essa proposta fosse pensada, foi levado em consideração o conceito de cadeia criativa (LIBERALI, 2010, 2012), que engloba as esferas de atividades de *estudar, formar e acompanhar* e os dados obtidos durante a fase de diagnóstico da escola. Esses dados servem

---

4. A atividade é caracterizada pela autora, com base nos estudos de Vygotsky e Leontiev, por um conjunto de ações que dependem das condições objetivas da atividade. Por isso mesmo, desenvolve-se de acordo com as condições de colaboração e compartilhamento entre os sujeitos.

como ponto de partida para a reflexão e para a atividade de estudar. Pôde-se perceber que a escola estudada apresenta diferentes sentidos sobre a indisciplina, o que se reflete na maneira distinta como os professores e gestores concebem as ações dos alunos. Ainda, percebe-se que o sentido de indisciplina mais presente na unidade escolar é a não execução de tarefas, conversas paralelas, desatenção e interrupções no andamento das aulas.

O perfil de alunos atendido pela escola valoriza o bom desempenho acadêmico destes, bem como os profissionais e os pais. A maioria das regras foi estipulada pela equipe gestora, e não houve participação dos alunos em sua formulação. Dessa maneira, a pesquisadora pode estudar, juntamente com os coordenadores, a análise desses dados obtidos e os aspectos teóricos sobre indisciplina, a fim de prepararem uma formação ao grupo.

A segunda etapa, referente à atividade de formar (LIBERALI, 2010, 2012), tem como objetivo o compartilhamento de sentidos sobre indisciplina e a construção de um significado partilhado pelo grupo. Em um momento de formação, a pesquisadora e os coordenadores podem apresentar aos participantes uma tabela com diferentes definições de indisciplina que eles próprios ofertaram durante a coleta de dados. Os profissionais são divididos em pequenos grupos para discutir e criar uma definição que expressará um significado compartilhado de indisciplina por esse grupo e o grupo maior. A ideia é que cada palavra que vai compor essa definição seja escolhida com intencionalidade, apoiada em definições e posicionamentos teóricos para sustentar essa posição. Com isso, é oportunizado ao participante um momento de compartilhamento de sentidos e construção de um significado comum ao grupo.

A pesquisadora serve de mediadora para contrapor concepções e pedir justificativas aos grupos acerca dos termos empregados e das razões que sustentam as escolhas lexicais, a fim de que eles expandam suas colocações e criem bases mais amplas de sentido, em um esforço de produção de noções compartilhadas e comuns entre eles.

Em um segundo momento, eles podem construir uma definição comum para a instituição que servirá de parâmetro para pensar os casos de indisciplina na escola. Isso serve para encaminhar a produção de um significado coletivo ao grupo maior em que todos assumem responsabilidade por essa construção. As escolhas lexicais permitem aos envolvidos a compreensão do que querem expressar como representativo de um esforço coletivo de significar em conjunto.

Em seguida, são apresentadas algumas concepções teóricas que podem ser contrapostas à definição criada pelo grupo maior. Essa atividade visa à superação dos sentidos compartilhados nesse movimento de contraposição de diferentes visões teóricas à definição criada, permitindo ampliação dos sentidos pelos participantes. O objetivo é que os participantes busquem os princípios teóricos que embasam suas ações e as teorias que sustentam seus atos, buscando resolver as contradições e proporcionar maior autonomia ao grupo (SMYTH, 1992).

Ainda, durante a formação, podem ser realizados questionamentos sobre as teorias e sua relação com o contexto e condição histórica, cultural e social da realidade que se apresenta, procurando estabelecer reflexões sobre sua adequação para essa determinada realidade e o direcionamento que a instituição deseja seguir (de acordo com os dados obtidos nesta pesquisa, percebe-se que esse é um ponto que pode ser estudado para futuras formações, pois não parece que os participantes da instituição estudada têm clareza sobre o objetivo da instituição, a concepção de ensino-aprendizagem oferecida e uma visão de educação e de homem homogêneos) (SMYTH, 1992).

A ideia é que se alcance um momento em que a própria teoria que subjaz às ações do grupo possa ser questionada no sentido de verificar se o grupo realmente acredita em suas ações e posicionamentos teóricos voltados a essa atuação específica circunscrita em um contexto sócio-histórico-cultural. O que ainda pode ser transformado? O que poderia ser alterado? Esse movimento tem como objetivo proporcionar emancipação aos participantes envolvidos (SMYTH, 1992).

No terceiro momento, o de "acompanhar" (LIBERALI, 2010), pretende-se que ambos, pesquisadora e coordenadores pedagógicos, observem as aulas, verifiquem o conteúdo de novas ocorrências e acompanhem a dinâmica das futuras ações. O objetivo é que desenvolvam uma metodologia para a realização dos demais momentos de formação baseada nas atividades de "estudar", "formar" e "acompanhar" (LIBERALI, 2010), otimizando-os.

Outros temas podem, ainda, servir de base para novos estudos, como a pertinência de algumas regras da escola, a participação dos alunos na criação de regras, a condução de casos de indisciplina na sala de aula, entre outros. Mas é importante que eles surjam da própria devolutiva que os professores fazem da formação recebida ou das necessidades que se apresentam ao longo do processo.

Considerações finais

O presente trabalho buscou contribuir para o enfrentamento da indisciplina. Por não haver consenso entre os profissionais acerca dos sentidos nem ações efetivas para a atenuação do problema, a indisciplina acaba sendo um pré-requisito para o bom funcionamento escolar enquanto poderia ser trabalhada como resultado de práticas educativas organizadas pelos próprios profissionais.

Por meio da análise documental do Projeto Político Pedagógico e do Regimento Interno, percebeu-se um descompasso nos documentos que regem as ações da escola. O PPP possui uma visão *consciente e interativa* de indisciplina (VYGOTSKY, 2005, 2010b; VASCONCELLOS, 2009) que valoriza a construção das normas pelo grupo e o Regimento Interno se aproxima mais da visão *tradicional* (FOUCAULT, 1987) em sua concepção, ou seja, entende a disciplina como cumprimento de normas institucionais.

Ao associar essa constatação com a análise dos registros escritos nos cadernos de ocorrências, pode-se dizer que revelam muitas concepções diferentes entre os docentes sobre o que seja uma atitude indisciplinada, servindo, muitas vezes, como um desabafo ou um meio de solicitar a presença dos pais, que deverão resolver o problema de indisciplina do aluno. As queixas apresentadas por esses relatos giram principalmente em torno da não participação do aluno no processo educativo e, em menor proporção, envolvem questões de respeito e normas escolares.

Já as pautas das assembleias escolares revelaram que os alunos também trazem um discurso de imposição de ordem, mas apontam situações que envolvem desrespeito entre as pessoas, mostrando que eles também se colocam na posição da autoridade e adotam o discurso da escola. Entretanto, comentam que gostam de aulas interativas e dinâmicas e ética nas relações.

Os questionários mostraram a visão de alunos, professores e gestores sobre os sentidos de indisciplina que possuem e revelam que nem todos os profissionais estabeleceram um modo único de atuação e diagnóstico de problemas de indisciplina na escola. Os profissionais trazem questões diferentes, muito pautadas na *visão tradicional* (FOUCAULT, 1987), que valoriza o cumprimento de normas impostas e sanções, mas apresentam como exemplos de indisciplina, de modo geral, o desrespeito entre os indivíduos dentro da escola. Os alunos corroboram esse ponto, também, assimilando a indisciplina com atitudes antiéticas e desrespeitosas, mas a grande maioria dos participantes disse acreditar no diálogo e na reflexão como os melhores meios de resolver essas questões.

Sendo assim, as visões e ações são múltiplas e diversas, o que mostra que os membros da escola estão caminhando para lados diferentes, fazendo que ela não avance tanto como poderia. Isto é, deve-se, primeiramente, pensar em uma proposta de formação que busque equilibrar as visões de aluno e de aprendizagem, bem como definir quais serão os objetivos dessa instituição, para que em um segundo momento se possa pensar no conceito de indisciplina e nas ações para tratá-la.

Dessa maneira, a proposta criada buscou um compartilhamento de sentidos sobre indisciplina a fim de construir um significado compartilhado entre todos que serve de parâmetro para pensar ações práticas. Partiu-se da ideia de que a formação pode acontecer no próprio contexto escolar, levando em consideração os problemas enfrentados pelos profissionais em seu contexto. Assim, a proposta teve como objetivo a criação de uma cadeia criativa (LIBERALI, 2010) na qual os próprios profissionais, juntamente com a pesquisadora e participante da instituição, podem estudar, formar e acompanhar o desenvolvimento das atividades que serão coletivamente construídas e embasadas pela teoria e experiência dos envolvidos.

A ideia, a longo prazo, é que haja a criação de uma rede colaborativa de estudos entre os profissionais utilizando seus saberes e sua experiência para pensar em ações que deem conta da própria formação e trabalho na escola. Considerando que o desrespeito foi citado como algo pernicioso no contexto escolar, o estudo sobre valores e o trabalho com a democracia podem ser perseverados e aprimorados por meio de estudos e projetos.

Cada escola pode fazer um plano de ação baseado em um bom diagnóstico e respeitando suas particularidades. No caso estudado, a indisciplina pode ser objeto de formação e centro de ações colaborativas. Isso não quer dizer que somente essa ação dará conta da complexidade do tema. Diversas outras ações são necessárias. As pesquisas mostraram que a indisciplina deve ser trabalhada pelos profissionais, junto aos alunos, pais, funcionários, gestores; enfim, a comunidade escolar inteira necessita abraçar essa causa e criar estratégias para dar conta do problema. Entretanto, a formação pode ser extremamente útil ao oferecer ao profissional o preparo necessário e a possibilidade de recriar sua atuação e contribuir para seu desenvolvimento profissional.

Referências

AQUINO, J. G. *Confrontos na sala de aula. Uma leitura institucional da relação professor-aluno*. São Paulo: Summus Editorial, 1996.

_____. A indisciplina e a escola atual. *Rev. Fac. Educ.*, v. 24, n. 2 (1998a).

_____. A violência escolar e a crise da autoridade docente. *Cadernos Cedes*, ano XIX, n. 47 (1998b).

CHAVES, R. S. L. *Sentimentos dos professores(as) diante da indisciplina de alunos(as) adolescentes no ensino fundamental*. Dissertação de mestrado em Psicologia da Educação. PUC-SP, 2005.

FOUCAULT, M. *Vigiar e punir*. Petrópolis: Vozes, 1987.

FRELLER, C. C. *Histórias de indisciplina escolar. O trabalho de um psicólogo numa perspectiva winnicottiana*. São Paulo: Casa do Psicólogo, 2001.

GARCÍA, C. M. Desenvolvimento profissional docente. Passado e futuro. *Sísifo. Ciências da Educação*, v. 8 (2009) 7-22.

GARCIA, J. *Entre os muros da Escola. Indisciplina e Formação de Professores*. UTP, Educere, 2009.

IMBERNÓN, F. *Formação docente e profissional. Forma-se para a mudança e a incerteza*. São Paulo: Cortez, 2011.

LEDO, V. A. *A indisciplina escolar nas pesquisas acadêmicas*. Dissertação de mestrado em Educação. PUC-SP, 2009.

LEONTIEV, A. A. Sense as a Psychological Concept. *Journal of Russian & East European Psychology*. Russia: Sharpe, Inc. Vol. 44, n° 3, May-June, 2001/2006a, 57-70 apud LIBERALI, F. C. Creative chain in the process of becoming a totality. *Bakhtiniana*, v. 1, n. 2 (2009) 100-124.

_____. Creative chain in the process of becoming a totality. *Bakhtiniana*, v. 1, n. 2 (2009) 100-124.

LIBERALI, F. C. Cadeia criativa na educação infantil. A intencionalidade na produção de objetos compartilhados. In: *Diálogos de pesquisas sobre crianças e infâncias*. Niterói: Editora da UFF, 2010.

_____. Gestão escolar na perspectiva da Teoria da Atividade Sócio-Histórico-Cultural. In: LIBERALI, F. C.; MATEUS, E.; DAMIANOVIC, M. C. (orgs.). *A Teoria da Atividade Sócio-Histórico-Cultural e a escola. Recriando realidades sociais*. Campinas: Pontes, 2012.

LIBERALI, F. C; FUGA, V. Argumentação e formação/gestão de educadores no quadro da Teoria da Atividade Sócio-Histórico-Cultural. *Revista do Programa de Pós-Graduação em Letras da Universidade de Passo Fundo*, v. 8, n. 2 (2012) 131-151.

MAGALHÃES, M. C. C. Vygotsky e a pesquisa de intervenção no contexto escolar. A pesquisa crítica de colaboração — PCCOL. In: LIBERALI, F. C; MATEUS, E.; DAMIANOVIC, M. C. (org.). *A teoria da atividade sócio-histórico-cultural e a escola. Recriando realidades sociais*. Campinas: Pontes, 2012.

MORICONI, G. M.; BÉLANGER, J. *Comportamento dos alunos e uso do tempo em sala de aula. Evidências da Talis 2013 e de experiências internacionais*. São Paulo: FCC/SEP, 2015.

NOVAIS, E. L. *Eles não querem nada X O professor não domina a turma. A construção discursiva da (in)disciplina*. Jundiaí: Paco Editorial, 2012.

NÓVOA, A. *Professores. Imagens do futuro presente*. Lisboa: Educa, 2009.

PAPPA, J. S. *A (in)disciplina e a violência escolar segundo a concepção de professores do ensino fundamental*. Tese de doutorado. Universidade Estadual Paulista, Faculdade de Filosofia e Ciências. Marília, 2004.

PATTO, M. H. S. *A produção do fracasso escolar. Histórias de submissão e rebeldia*. São Paulo: Casa do Psicólogo, 2013.

TAILLE, Y. de La. A indisciplina e o sentimento de vergonha. In: AQUINO, J. G. (org.). *Indisciplina na escola. Alternativas teóricas e práticas*. São Paulo: Summus Editorial, 1996.

REGO, T. C. R. A indisciplina e o processo educativo. Uma análise na perspectiva vygotskiana. In: AQUINO, J. G. (org.). *Indisciplina na escola. Alternativas teóricas e práticas*. São Paulo: Summus Editorial, 1996.

SMYTH, J. Teacher's Work and the Politics of Reflection. *American Educational Research Journal*. Nova York, v. 29, n. 2 (1992) 267-300.

VASCONCELLOS, C. dos S. *Indisciplina e disciplina escolar. Fundamentos para o trabalho docente*. São Paulo: Cortez, 2009.

VYGOTSKY, L. S. *Pensamento e linguagem*. São Paulo: Martins Fontes, 2005.

_____. A educação no comportamento emocional. In: *Psicologia Pedagógica*. São Paulo: Martins Fontes, 2010a.

_____. O comportamento moral. In: *Psicologia Pedagógica*. São Paulo: Martins Fontes, 2010b.

O tempo, o caminho e a experiência do coordenador pedagógico da creche: os saberes e as rotinas que articulam, formam e transformam suas práticas educacionais

Margarete Cazzolato Sula[1]
margaretecazzolato@gmail.com
Vera Maria Nigro de Souza Placco[2]
veraplacco@pucsp.br
veraplacco7@gmail.com

Chega mais perto e contempla as palavras.
Cada uma tem mil faces secretas sob a face neutra
e te pergunta, sem interesse pela resposta, pobre ou
terrível, que lhe deres: Trouxeste a chave?

(Carlos Drummond de Andrade)

---

1. Pedagoga. Professora de educação infantil e ensino fundamental na rede municipal de Santo André. Mestre profissional em Educação: Formação de Formadores, pela Pontifícia Universidade Católica de São Paulo, PUC-SP, com a dissertação em que este texto se encontra fundamentado.
2. Professora doutora do Programa de Estudos Pós-Graduados em Educação: Formação de Formadores (Mestrado Profissional) e do programa de estudos pós-graduados em Educação: Psicologia da Educação, ambos da PUC-SP, e orientadora da dissertação de mestrado em que se fundamenta este texto.

Introdução

Ao chegar mais perto e contemplar o cotidiano de trabalho dos coordenadores pedagógicos (CP), perguntamo-nos se conseguimos interpretar as mil faces secretas relembradas por Drummond. Inquietamo-nos.

Existem infinitas chaves para acessar os saberes dos CP, e não haverá pesquisa que dará conta de revelar o inusitado, desvelando na totalidade os saberes mobilizados, os constituídos e os revelados na ação pedagógica.

Assim, alegramo-nos com a ideia de iluminar algumas reflexões, emergir saberes constituídos por esses profissionais em suas rotinas de acompanhamento pedagógico, em suas relações com o trabalho, neste "tempo presente", assim como discutir a importância do tempo na construção do saber profissional.

Primeiramente, porque, queiramos ou não, estamos instalados num mundo complexo, no qual a velocidade das mudanças tecnológicas, o progresso científico e a provisoriedade dos conhecimentos estabeleceram novas formas de relação e reconfiguraram um novo sujeito pós-moderno, no cerne de uma sociedade que "[...] é não apenas plural, mas cambiante e continuamente produzida pelas circunstâncias, pelas pessoas e pelas suas próprias transformações" (Placco, 2010, 136).

E, também, porque essa condição implica a necessidade de repensar a profissionalização do ofício de professor e demais atores escolares diante dos novos saberes, à frente das novas gerações que não mais se resignam ao mero ensino transmissivo e demandam "[...] uma sociedade democrática: plural, participativa, solidária, integradora" (Imbernón, 2011, 7). Um tempo que urge por uma educação comprometida com um ser humano, visto em sua inteireza, em suas "múltiplas dimensões", num mundo também "múltiplo e complexo" (Placco, 2010, 151).

Diante dos atuais desafios colocados à formação dos CPs, a solidão é uma das primeiras fronteiras a ser superadas, pois, como uma tarefa coletiva e contextualizada, não pode ser aprendida baseada no isolamento (Imbernón, 2011).

Dialogar sobre os saberes que os CPs mobilizam ao articular, formar e transformar as práticas educacionais e os diferentes coletivos que atuam na docência nos espaços de creche, modalidade de ensino imbricada nas tensões e ambiguidades sociais deste tempo presente, constituída por sua temporalidade e por sua historicidade, constitui-se uma tarefa para tantos que se preocupam com a formação de nossas crianças.

Que saberes são esses?

O presente artigo decorre dos achados, reflexões e saberes constituídos ao longo da pesquisa "O tempo, o caminho e a experiência dos coordenadores pedagógicos da creche: os saberes e as rotinas que articulam, formam e transformam suas práticas educacionais", realizada no programa de estudos pós-graduados em Educação: Formação de Formadores (Mestrado Profissional), da Pontifícia Universidade Católica de São Paulo (PUC-SP).

A pesquisa nasceu das reflexões oportunizadas pelo exercício da função gratificada de coordenadora de serviço educacional (similar ao supervisor na rede estadual), em cinco creches municipais na rede de ensino de Santo André, cidade pertencente à região da Grande São Paulo, e teve como objetivo analisar os saberes profissionais do coordenador pedagógico que atua na creche, com base em suas rotinas de acompanhamento pedagógico e em suas ações articuladoras, formadoras e transformadoras das práticas educacionais.

As inquietações que permearam o estudo constituíram-se em uma síntese, reverberada num diálogo com o referencial teórico estudado durante o mestrado profissional, a história profissional da pesquisadora, uma paixão antiga pela educação infantil, o profundo respeito pelos profissionais das creches e o desejo em contribuir para o processo de aprendizagem e desenvolvimento profissional dos coordenadores pedagógicos, na perspectiva de ampliação dos estudos sobre os saberes docentes.

Duas questões mostraram-se relevantes nesse processo: quais seriam, do ponto de vista dos CP, os saberes por eles mobilizados e os constituídos em sua atuação na creche, tendo em vista o tempo, o caminho percorrido e sua experiência profissional? E como esses saberes se revelam em seu cotidiano de trabalho e nas ações articuladoras, formadoras e transformadoras das práticas educacionais que compõem sua rotina de acompanhamento pedagógico?

A fundamentação teórica, organizada com base em uma tríade, abordou a questão dos saberes docentes no contexto acadêmico contemporâneo; as funções, as rotinas e os desafios subjacentes ao trabalho do CP, e o contexto da creche, enquanto instituição de educação infantil (EI), comprometida com o cuidado, o desenvolvimento e a aprendizagem das crianças de 0 a 3 anos, entendidas como sujeitos de direitos e produtoras de cultura.

Tornando mais visíveis as dificuldades vivenciadas por estes profissionais em seu espaço de trabalho, a pesquisa evidenciou os muitos saberes emergentes das rotinas de acompanhamento pedagógico, colocando ao grupo de CP os desafios de ressignificar a sua atuação profissional, tendo em vista a complexidade das dimensões articuladora, formadora e transformadora, subjacentes ao seu papel.

A rotina pedagógica e a rotina de acompanhamento pedagógico

Um dos marcos fundantes deste trabalho consiste em demarcarmos o caráter dialético envolvido na palavra *rotina*, pois a rotina pedagógica da creche e a rotina de acompanhamento pedagógico do CP mostram-se imbricadas e indissociáveis.

Se, por um lado, o objetivo deste estudo era analisar os saberes do CP, como fazê-lo sem olhar para o cotidiano e para a rotina pedagógica dos pequenos? Nesse sentido, os apontamentos de Barbosa (2006) sobre a importância da rotina na educação infantil ajudaram-nos a organizar um caminho dialético.

Para a autora, a rotina deve ser vista como um conjunto de possibilidades de organização das práticas oportunizadas aos pequenos, no tempo e no espaço. Trata-se de uma construção social, iluminada por diferentes significações, envolvendo ideias, crenças e concepções sobre as crianças e as práticas educativas, que traduzem a cultura escolar.

Por sua vez, as rotinas de acompanhamento pedagógico dizem respeito à maneira como o CP organiza suas ações e usa os instrumentos de acompanhamento do trabalho pedagógico na creche. A esse respeito, Gouveia e Placco (2013, 76-77) defendem que a rotina seja entendida como "instrumento do planejamento e estrutura de apoio" do trabalho do CP, que precisa orientar sua prática e construir o projeto educacional a partir de metas e objetivos, favorecendo a estruturação de suas atribuições, por meio da implementação de uma rotina que "suporte seu exercício profissional" (GOUVEIA; PLACCO, 2013, 77).

Assim, neste estudo, abordaremos a rotina de trabalho do CP em suas múltiplas possibilidades de organização, entendendo que sua ação visa transformar e qualificar as rotinas pedagógicas vivenciadas pelas crianças.

A inspiração drummondiana

Na busca de capturar as ideias, as relações e a visão de profissão, assim como os sentimentos e os saberes mobilizados pelos CP em suas ações articuladoras, formadoras e transformadoras, foram utilizados entrevistas e questionários.

As quatro CPs entrevistadas apresentavam acima de dez anos na docência, dos quais cinco na educação infantil, e exerciam a função de CP havia mais de quatro anos, possuindo uma prática de coordenação legitimada pelos parceiros. Identificadas aqui com nomes inspirados na poesia de Drummond, as apresentamos a seguir: Adalgisa (38 anos, treze anos de docência, Creche A), Clara (48 anos, vinte e cinco anos de docência, Creche C), Sá-Maria (48 anos, vinte e nove anos de docência, Creche D) e Rosa (38 anos, vinte e dois anos de docência, Creche B).

Adalgisa, uma "mulher de múltiplas faces", é uma figura dos poemas que prenunciam a fase da poesia erótica de Drummond e nos instigou a pensar no papel da sedução e em quanto o CP precisa ser capaz de seduzir e encantar em sua liderança.

Nomeamos como Clara a entrevistada que, em sua fala, trouxe elementos da infância, como a personagem do poema "Lembrança do mundo antigo", encontrado em *Sentimento do mundo* (1940-2012), um poema singelo que fala de crianças e jardins, escrito numa fase em que o poeta se lança a uma reflexão sobre a existência humana, aspecto que nos levou a pensar na vinculação do CP à defesa da infância e da criança.

Reconhecemos como Sá-Maria a entrevistada que nos remeteu à ideia de acolhimento e ternura. A figura de Sá-Maria, uma babá negra, é imortalizada de forma carinhosa em alguns poemas de Drummond, nos quais o poeta tece as memórias de sua infância, refletindo sobre a importância da construção de vínculos.

Por fim, associamos o nome Rosa à quarta CP desta pesquisa, em função da inquietude, revelada na constituição de sua identidade profissional. Não se trata aqui de uma associação a uma personagem feminina, mas de uma menção ao livro *A Rosa do povo* (1945), obra que emerge o poeta em um contexto reflexivo de profunda crítica social.

A capacidade de seduzir, a defesa da infância, o acolhimento e a ternura e a visão crítica são características que julgamos imprescindíveis ao CP que atua na educação infantil, aspectos marcantes nas CP participantes.

O achados do estudo à luz do diálogo com os referenciais teóricos

O trabalho de análise foi inspirado pelos referenciais teóricos e por uma leitura pessoal e profissional do que constituíram os saberes dos CP em exercício nas creches municipais de Santo André, no ano de 2016. Os dados obtidos via questionário foram cruzados com os dados das entrevistas, iluminadas por uma perspectiva formativa e reflexiva (ALMEIDA; SZYMANSKI, 2010), tal como se evidencia no trecho a seguir:

> Eu acredito que esse movimento de... [parou para pensar]. É um movimento de reflexão. Apesar de eu estar conversando com você, a partir de um instrumento. Mas, assim, eu estou refletindo muito e é o que me faz acreditar ainda mais nas narrativas [risos]. Eu acredito que as pessoas precisam fazer isso, porque muitas vezes você fala sobre sua prática e você não reflete, mas é que o tempo inteiro aqui eu estou pensando no meu papel. Estou pensando nas minhas conquistas, porque cotidianamente a gente pensa nas frustrações, naquilo que não consegue, que não conquista. E, parando

para pensar, "poxa, quanta coisa já conquistei", na minha própria constituição, na minha identidade profissional como professora e como coordenadora [...] (Rosa).

A organização desses dados permitiu identificar e explicitar saberes, sentimentos, percepções, dando visibilidade às ações que permeiam as rotinas dos CPs, no presente campo de estudo. Desse modo, este texto destacará alguns temas, entre os vários que emergiram da pesquisa: Constituição dos saberes profissionais dos CP; Um movimento dialético: a rotina da creche como ponto de partida para a organização da rotina do CP; O CP, o PPP e a creche: saberes que articulam os diferentes coletivos; Princípios inegociáveis na ação formativa: saberes que formam os sujeitos para o tempo presente; Do assistencial ao educacional: saberes pedagógicos que transformam as práticas voltadas à primeira infância; As pessoas, nosso maior desafio! — os saberes inter-relacionais; O tempo, o caminho e a experiência: os saberes experienciais.

Os coordenadores pedagógicos e a constituição dos saberes profissionais

> Eu acredito que é importante registrar que eu fui uma aluna com muita dificuldade. Eu sofri muito no meu processo de aprendizagem. Eu acredito que isso é uma marca. Hoje eu vejo a minha formação, a minha constituição, como resultado [...] (Rosa).

Estudar os saberes do CP implica considerar seu contexto de trabalho e a pessoa do trabalhador. O saber docente é um saber personalizado, plural, eclético, relacionado à pessoa e à sua identidade, vinculado à sua experiência de vida e à sua história profissional, e também um saber situado ao contexto real de trabalho (TARDIF, 2014).

O depoimento de Rosa aponta para uma história pessoal intimamente relacionada com o processo de constituição identitária docente, marcado inicialmente pelo sentimento de incapacidade e por sua posterior transformação. Sua fala exemplifica que

> um professor tem uma história de vida, é um ator social, tem emoções, um corpo, poderes, uma personalidade, uma cultura, ou

mesmo culturas, e seus pensamentos e ações carregam as marcas dos contextos nos quais se inserem (TARDIF, 2014, 265).

Em seu relato, evidencia-se o valor conferido à constituição de sua identidade profissional, vista como resultado de suas experiências pessoais e profissionais, processo complexo, "que não se esgota em matrizes científicas ou mesmo pedagógicas, e que se define inevitavelmente a partir de referências pessoais" (NÓVOA, 2009, 40).

Nesse sentido, Placco e Souza (2010, 94) salientam que

> no âmbito profissional ou no pessoal, os sujeitos estão de tal forma imbricados com os processos sociais, que estudar identidade implica investigar os contextos em que os indivíduos atuam como pessoas ou como profissionais.

Para as autoras, que se baseiam nos estudos de Dubar (2005), o processo de constituição identitária pressupõe

> um movimento de tensão permanente, contínuo, fluido, com movimentos de identificação que possuem dadas formas identitárias, sempre provisórias, mas constituidoras de sua maneira de agir e pensar sobre o que fazem e vivem (PLACCO; SOUZA, 2010, 94).

As entrevistas revelaram que os saberes constituintes da identidade profissional trazem as marcas da temporalidade e se entrecruzam com as histórias de vida, com as marcas que as CP carregaram como alunas, com as vivências que foram oportunizadas pela formação inicial, pelos cursos de pós-graduação, pelas oportunidades de formação em serviço, assim como pelas parcerias marcantes estabelecidas ao longo da carreira.

O início na função como professor e como CP também foi destacado por Adalgisa, que em seu depoimento revelou as tensões e inseguranças que parecem assombrar os professores integrados à creche, deflagrando a necessidade de apoio e interlocução:

> Era uma AP para cinco creches que aparecia lá de quinze em quinze dias e não fazia intervenção. Aparecia para tratar de assuntos burocráticos. Eu tinha uma auxiliar que era muito boa que já estava na creche há muito tempo. Ela me ensinou muita coisa.

Olha que coisa... Não sabia nem contar uma história para eles. Eu ficava assim para ela. "É assim que conta?" E ela dizia: "Nossa, como você está melhorando! É isso aí". Eu sabia muito bem trabalhar com o Fundamental. Eu alfabetizo, eu tinha o PROFA. Queria chegar com papel, com lápis. E ela dizia: "Assim não, aqui a gente vai fazer diferente" (Adalgisa).

Segundo Tardif (2014), as dificuldades iniciais do aprendizado da docência estão relacionadas com uma fase de sobrevivência profissional, que desafia o professor em sua capacidade e, decorrente desse processo, os saberes experienciais "[...] se transformam muito cedo em certezas profissionais, em truques do ofício, em rotinas, em modelos de gestão da classe e de transmissão de matérias [...]" (TARDIF, 2014, 108).

Nesse sentido, a parceira de Adalgisa não somente lhe ensinou como contar histórias, como também contribuiu para uma socialização da profissão, fomentando um repertório de competências, sobre as quais se estruturou um alicerce para os demais saberes profissionais, constituídos ao longo da carreira (TARDIF, 2014).

A ideia de que os primeiros anos de prática profissional sejam determinantes na "aquisição do sentimento de competência e no estabelecimento das rotinas de trabalho, ou seja, na estruturação da prática profissional" (TARDIF, 2014, 261), encontra respaldo nas ponderações de Clara acerca de seu início também como gestora:

> Eu comecei meu trabalho na educação em 91, quando entrei na rede como monitora. [...] Trabalhei também no G. como monitora. Depois, em 98, assumi a direção, a inauguração da creche C. P. Então, minha primeira experiência na função foi como diretora, num tempo que a gente também estava implantando computadores; as listagens eram feitas todas à mão, aquela coisa, né? O início da parceria com a Feasa, então um período supernovo para mim, na função e com tantas questões para aprender (Clara).

Saber e ter vivenciado de forma particular e profunda a história da creche como monitora, professora, diretora e CP garantiu à Clara não somente um saber experiencial, mas, principalmente, *um saber da historicidade*, saber extremamente relevante para a creche, para a história da creche, para a história do processo educacional do município e necessário, também, aos profissionais que adentram hoje nesse equipamento — mesmo não o tendo vivenciado, precisam ter consciência de sua historicidade, de modo que compreendam sua dinâmica, na perspectiva de contribuir para sua transformação.

Em relação às aprendizagens constituídas ao longo da trajetória, os CPs mencionaram diversas inquietações, demonstrando encantamentos e desencantos em relação à função desenvolvida, revelando as próprias contradições do ser humano.

O processo de formação continuada vivenciado ao longo dos anos pelos CPs foi valorizado, especialmente os movimentos formativos que discutiram amiúde o papel e os instrumentos de acompanhamento pedagógico, fomentando a reflexão crítica da prática.

As reuniões setoriais entre as equipes foram mencionadas também como potenciais momentos formativos, revelando a importância de uma rede colaborativa (GOUVEIA; PLACCO, 2013), perspectiva imprescindível para a constituição, socialização e ampliação de saberes dos CP e demais profissionais da creche.

Muitos sentimentos foram ainda explicitados pelos CPs: solidão, impotência, crises constantes, alegrias, responsabilidade, compromisso, resiliência, preocupações com as descontinuidades e rupturas dos processos formativos e, também, convicções e desejos: o de ser uma professora melhor, diante da iminência de um possível retorno à sala de aula.

Um movimento dialético: a rotina da creche como ponto de partida para a organização da rotina do CP

> É interessante que ultimamente eu tenho me visto como uma peça numa engrenagem. Eu acredito que a coordenadora tem um papel muito importante, mas ela só é parte. Essas funções no sentido da articulação, da mediação, nesse papel formativo, na busca pela transformação [...] acredito que um dos papéis mais importantes seja favorecer a autonomia da equipe, para que essa equipe caminhe, aprenda, se transforme, qualifique sua prática e principalmente entenda qual é o seu papel, principalmente na creche (Rosa).

Ao distinguir a *rotina pedagógica* da *rotina de acompanhamento pedagógico*, evidenciamos o movimento dialético dessa relação e os saberes subjacentes a ela. Ao mesmo tempo que as rotinas pedagógicas estruturam o cotidiano das creches, os CPs desenvolvem uma rotina de trabalho, mobilizada a partir e a favor da rotina pedagógica, dado que ela espelha as concepções, revela as práticas, bem como as necessidades de formação do coletivo, foco de atenção contínua do CP.

Os saberes revelados nas rotinas de acompanhamento pedagógico vislumbraram uma gama de aspectos a serem vistos de forma integrada e dialética. Por uma perspectiva, os achados enfatizaram que a rotina pedagógica é um componente estruturante para o trabalho da creche, em seu movimento intenso, vivo e dinâmico (BARBOSA, 2006):

> Porque a rotina da creche não é uma maquininha pronta que você diz "ah, é simples. Tem a entrada, tem a troca, tem alimentação e tem as propostas pedagógicas. Pronto! Resolvemos o problema". Não é isso (Rosa).

Por esse prisma, as falas das depoentes explicitaram a importância das rotinas de acompanhamento pedagógico do CP para gerir a complexidade de ações desveladas no cotidiano. Cumpre ressaltar que as rotinas integram a atividade profissional e sinalizam "[...] que os atores agem através do tempo, fazendo das suas próprias atividades recursos para reproduzir essas mesmas atividades" (TARDIF, 2014, 215-216).

A pesquisa evidenciou que, ainda que planejadas, as rotinas de trabalho dos CPs são marcadas por intercorrências e interrupções, o que gera diferentes sentimentos, percepções e emoções nas depoentes:

> Muitas vezes, eu me vejo fazendo tantas coisas, mas o que é meu papel, realmente, eu ainda não consigo dar conta. E dar conta no sentido do que é atribuição. É muito funcional. Minha atribuição qual é? É fazer a observação; é fazer o acompanhamento de sala; trazer subsídios para que essas professoras possam qualificar a prática [...]; fazer o acompanhamento dessas crianças; as inter-

venções com essas famílias e fazer essa engrenagem funcionar de uma forma significativa e produtiva. E muitas vezes [...] a gente está apagando incêndio e são incêndios constantes (Rosa).

Nessa realidade, uma CP revela sentir-se "apagadora de incêndios", mostrando-se inquieta e incomodada com tal condição. As demais reconhecem os imprevistos e parecem compreendê-los como componente da rotina de trabalho.

De modo consensual, as CPs demonstram saber que os imprevistos são minimizados à medida que existe um planejamento e uma organização diária para a realização da função, revelando a compreensão de que as ações formadoras devem ser vistas como a maior de suas prioridades e como sua principal responsabilidade. Observou-se que no grupo de CP há um esforço em atenuar as emergências, com a organização de uma rotina semanal que prevê leitura de semanários, devolutivas escritas do planejamento e dos relatórios de grupo, preparo e realização de reuniões pedagógicas semanais (RPS), reuniões de organização do trabalho (ROT) com Agentes de Desenvolvimento Infantil (ADI) e funcionários.

Nesse sentido, Placco orienta que o CP precisa encontrar formas de articular as rotinas e planejar suas ações, levando em consideração os movimentos de *importâncias e rotinas*; *urgências e pausas* (GONÇALVES, 1995 apud PLACCO, 2012).

As atividades de *importância* estão previstas no Projeto Político Pedagógico (PPP) e se relacionam com as metas e finalidades estabelecidas a longo, médio e curto prazo. Contemplam a ideia de *mudança*, articulando as necessidades diagnosticadas pela escola, visando à superação de entraves e à melhoria dos processos de ensino-aprendizagem.

As atividades de *rotina* estão comprometidas com a ideia de *estabilidade* e primam pela manutenção do funcionamento da escola. Apesar de essenciais, podem desencadear situações que revelem rigidez e impermeabilidade às mudanças (GONÇALVES, 1995 apud PLACCO, 2012, 50).

As atividades de *urgência* adequam o trabalho às modificações da realidade e referem-se "a eventos ou comportamentos inesperados e, como tal, significam quebra de ROTINAS e atrasos, suspensão ou redirecionamento de IMPORTÂNCIAS".

Desvinculadas dos resultados, as atividades de *pausa*, por sua vez, se relacionam com os cuidados com a humanização no trabalho e com "os elementos subjetivos das relações interpessoais (GONÇALVES, 1995 apud PLACCO, 2012, 50), propiciando relações interpessoais mais consistentes.

Em relação às rotinas de acompanhamento pedagógico, as CPs entrevistadas revelaram conferir atenção especial aos movimentos de observação da sala de aula e do espaço escolar, como forma de alimentação dos momentos formativos, pois o que é observado no cotidiano se transforma na pauta das RPS, dialogando com as necessidades apontadas pelos professores.

Foram pouco mencionados, contudo, os momentos de conversas individualizadas com os professores, sendo importante dedicar maior investimento à estratégia de individualização dos percursos formativos, por meio da supervisão da prática, aqui entendida como acompanhamento pedagógico. A tematização da prática também se mostrou uma estratégia pouco explorada pelas CPs.

Saber observar, fazer boas perguntas ao planejamento, construir argumentos, conhecer o desenvolvimento das crianças e orientar o professor foram citados como saberes essenciais à organização da rotina de acompanhamento pedagógico do CP.

O CP, o PPP e a creche: saberes que articulam os diferentes coletivos

> Por isso que, quando a gente organiza um PPP, a gente tem que ter todos os segmentos ali, para que eles também de certa forma tenham propriedade e consigam também opinar, colocar o que eles acreditam, para que a gente consiga construir esse PPP. Eu acredito que seja isso. Cada um dentro da sua necessidade, do seu segmento, mas tendo sempre em discussão essa criança, que trabalho é esse que nós estamos realizando com essas crianças (Sá-Maria).

Na pesquisa, a dimensão coletiva do trabalho docente foi concebida como uma luta diária das CPs, articulação que demanda empenho genuíno para a construção do PPP, legitimado como um referencial dinâmico e democrático, um documento em constante movimento, constituído no diálogo, síntese dos sonhos, fruto do compromisso coletivo, pautado na realidade e eixo central do trabalho da creche.

Saber instituir o espaço da participação e do trabalho coletivo; saber envolver os diferentes segmentos nas diversas ações; saber ser democrático, mediando o diálogo e a escuta de diferentes interlocutores, encontrando consensos possíveis; saber acolher as famílias, respeitando suas particularidades; saber articular as diferentes necessidades formativas foram alguns saberes evidenciados nesse tema.

As ações que envolvem a articulação do PPP e dos diferentes coletivos estão imbricadas com as ações formadoras e demandam tempo e investimento nas relações interpessoais.

Para Placco, Almeida e Souza (2011, 228) o CP, enquanto articulador, opera como um "mediador entre currículo e professores e, por excelência, [como] formador dos professores" (PLACCO; ALMEIDA; SOUZA, 2011, 228).

Nesse processo, a *comunicação* se revelou nas falas das entrevistadas como um saber imprescindível diante da articulação dos diferentes grupos e da mediação curricular.

Dar voz e vez e, especialmente, condições efetivas de participação para todos implica saber organizar diferentes formas de envolvimento da equipe, por meio de estratégias de coordenação que valorizem as diferentes falas, construindo-se o esteio para a problematização e a produção de novos conhecimentos.

Firmar o diálogo como princípio do trabalho educativo coaduna com as ideias de Santos Neto a respeito do PPP: "Construir respostas exige reflexão, estudo, observação, criatividade, ousadia, paciência, capacidade de construção coletiva e de aprender a partir dos próprios erros" (SANTOS NETO, 2006, 5).

Princípios inegociáveis na ação formativa: saberes que formam os sujeitos para o tempo presente

> Eu articulo com as diretrizes, eu articulo com os autores que eu tive prazer de conhecer no mestrado, com aqueles que são minha bagagem ao longo de toda a minha carreira, e eu mostro a elas que aquela frase segundo a qual a teoria não tem nada a ver com a prá-

tica é uma furada. Porque a teoria e a prática são articuladas o tempo inteiro. Você pode não conseguir colocar em prática a teoria em toda a sua beleza e nuance, mas toda aquela prática tem a teoria por trás e você precisa compreender. Então, a gente precisa estimular esses professores a perceberem que essa prática tem uma base teórica, tem uma fundamentação. Não surgiu do nada (Rosa).

As ações formadoras se encontram entre as principais pertenças das CPs entrevistadas. Nesse contexto, Placco (2012) assegura a necessidade de o CP conscientizar-se de seu papel como formador e mediador do desenvolvimento profissional dos professores, encontrando caminhos para organizar intervenções que mobilizem os sujeitos em suas múltiplas dimensões, de forma sincrônica.

Garcia (1999) salienta que a formação se mostra uma tarefa complexa, permeada por conceitos e concepções que não são unívocos, apresentando-se sob diversos paradigmas e formatos. Dessa maneira, de acordo com Souza e Placco (2013, 29), "sem um diagnóstico refletido e discutido com o grupo interessado, não é possível propor ações que desencadeiem transformações, o que significa que o grupo alvo da formação atua também no planejamento das ações formativas".

A escuta às reais necessidades do grupo foi evidenciada de forma significativa pelas participantes da pesquisa, pois pensar a formação do ponto de vista dos sujeitos significa romper com pacotes de formação fechados, com itinerários predefinidos, que entendem o professor como "objeto da formação" (IMBERNÓN, 2010).

Entre os diversos saberes relacionados aos princípios implicados na ação formadora, destacaram-se: saber olhar para a realidade local, saber identificar as necessidades e interesses do grupo, saber valorizar o saber do professor, saber individualizar os percursos formativos, saber problematizar o processo de avaliação, saber elaborar os registros, atuando como referência de escrita, saber incentivar as mudanças e fomentar parcerias, como ilustra a fala da participante:

> Descobri que tem coisas que eu tenho que fazer junto, modelizando, para mostrar que é possível, sim. Olha, não adianta falar, pegar um texto e dizer assim: "Faz assim!" Não... Tem que fazer assim: "Menina!!! Peguei uma coisa linda. Estou louca para fazer na sua sala. Posso? Para ver se dá certo? Sempre nesse papel.

Não estou indo lá para te ensinar, estou indo para a gente descobrir juntas se funciona". O que eu descobri? Nossa, eu ganhei parceiras, muitas parceiras (Adalgisa).

Para entender os CPs como formadores nas creches, é importante concebê-los como sujeitos, que, enquanto formam, também estão sendo formados, em um processo permanente de constituição de sua identidade profissional, permeado por um contexto de contradições, incertezas e complexidade.

Do assistencial ao educacional: saberes pedagógicos que transformam as práticas voltadas à primeira infância

> Nós não estamos mais naquela época de colocar a criança no chiqueirinho para que ela não se machuque, seja trocada e alimentada, está ótimo. [...] Temos documentos que garantem que é direito da criança ser cuidada. Porque essa criança precisa de um espaço onde ela vai ser desafiada, onde ela vivencie experiências ricas. Nós temos documentos (Rosa).

Pensar a creche como um espaço potencialmente educativo é fundamental para a instalação de práticas educacionais que cuidem e eduquem de forma indissociável.

Referente às ações transformadoras, destacaram-se as que visam buscar uma prática intencional, apropriada às crianças de 0 a 3 anos e que contribuam para a superação do estigma histórico do assistencialismo que as creches carregam.

Saber reconhecer as concepções e os princípios que sustentam o trabalho da educação infantil, e, entre esses, os saberes curriculares e disciplinares subjacentes às práticas, também se mostra importante para a transformação da realidade, do ponto de vista das CPs.

De acordo com as Diretrizes Curriculares Nacionais para a Educação Infantil (DCNEI), as propostas pedagógicas devem propiciar experiências diversas com as diferentes linguagens, reconhecendo as marcas culturais. "Educar cuidando inclui acolher, garantir a segurança, mas também alimentar a curiosidade, a ludicidade e a expressividade infantis" (BRASIL, 2009, 15).

Saber analisar as rotinas pedagógicas, saber organizar e gerenciar a equipe para a organização de espaços e saber articular cuidado e educação, como dimensões indissociáveis, tendo um olhar sensível à infância, destacaram-se na análise, especialmente diante de problemas citados pelas entrevistadas, entre eles a frequente rotatividade de profissionais nas creches, questão que parece comprometer o aprofundamento dos saberes nos diferentes campos de conhecimento.

Ressaltamos que é preciso discutir, enquanto sistema de ensino, ainda que seja em meio a contextos incertos, a continuidade dos princípios da educação infantil, de forma que as creches consigam construir, de forma orgânica, uma rotina pedagógica que organize a ação dos adultos e possibilite o desenvolvimento, a aprendizagem e o bem-estar das crianças.

Lidamos com a infância pulsante, potente e criadora! Cuidamos e educamos crianças pequenas, que ainda não possuem condição efetiva de mobilização social para expressar seus sentimentos e percepções a respeito da realidade, mas que a vivem intensamente no cotidiano das instituições. Com elas devemos nos comprometer, por meio de um planejamento exequível, que implique a organização de espaços adequados, de professores e profissionais preparados e valorizados e de propostas pedagógicas, profundamente engajadas com sua aprendizagem e desenvolvimento.

As pessoas, nosso maior desafio! Os saberes inter-relacionais

> Saber ser muito pontual, colocando as dificuldades também que você percebe no outro, as falhas. Saber a forma de colocar isso, né, o jeito de falar e de tratar para cada pessoa é diferente. Para algumas pessoas, eu posso escrever, dar uma devolutiva por escrito, tranquilo. Para outras, eu tenho que sentar, conversar e cuidar (Clara).

As relações interpessoais se destacaram entre as principais tensões e preocupações vivenciadas pelas CPs. A constituição do grupo perpassa diversos fatores, entre eles a confiança. Souza (2012, 29) alerta para o cuidado necessário ao abordar o professor em sua prática docente, pois só quando há vínculos construídos é possível "lidar com as críticas, expor os não saberes, confrontar-se com as faltas".

Almeida (2012, 70) nos ajuda a entender melhor as questões mencionadas pelas CPs, salientando que "o coordenador pedagógico precisa desenvolver nele mesmo, e nos professores, determinadas habilidades, atitudes, sentimentos, que são o sustentáculo da atuação relacional: olhar, ouvir, falar e prezar". A empatia, a consideração positiva e a autenticidade, três condições da teoria das relações interpessoais de Rogers (1997 apud ALMEIDA, 2012), mencionadas por Almeida (2012), são essenciais nesse processo.

Enquanto articuladores, formadores e transformadores, as CPs revelaram, em suas rotinas, saberes emergentes relacionados às habilidades de relacionamento interpessoal.

Saber olhar, saber ouvir, saber falar, saber cativar, saber acolher, saber ser gente!

> Um saber também humanizado, porque eu acho que a gente também precisa ter esse olhar humano, porque as pessoas têm as questões delas, e que vão se manifestar de diferentes formas. Então eu acho que isso é fundamental. [...] Saber ser gente, né? [risos] (Clara).

Olhar para a qualidade das relações interpessoais nos soa como um convite. Nesse cenário, o CP como um profissional das relações precisa se fortalecer, assumindo, entre suas muitas *atribuições e pertenças* como CP, uma postura contínua de predisposição para mediar conflitos, enfrentando dissensos e negociando consensos possíveis.

Afinal, uma escola potente está instalada na promessa de relações mais verdadeiras e fortalecidas, movida por um propósito e pela busca de um sentido individual e de um significado coletivo, cunhado em relações nas quais os conflitos não representem meros confrontos de poder, mas que sejam vistos como caminho genuíno de transformação pessoal e profissional, pois

> só quando existe uma real comunicação e integração entre os atores do processo educativo há possibilidade de emergência de uma nova prática docente, na qual movimentos de consciência e compromisso se instalam e se ampliam (PLACCO, 2012, 52).

O tempo, o caminho e a experiência: os saberes experienciais

Tem horas que você explode, sim, mas não na forma de acabar, de extravasar, de estragar o trabalho. Eu acho que tem que ir retomando e o grupo ir se percebendo e ir se enxergando, em relação às questões que vão aparecendo. Eu acho que essa dinâmica eu fui aprendendo no decorrer do tempo, porque eu era muito mais explosiva. O pavio era curto. Se via alguma coisa, já chegava, já falava, já enfiava o pé na jaca, aí, pronto, já destemperava. Acho que isso é importante de a gente cuidar (Clara).

Este estudo revela ainda diferentes saberes experienciais, constituídos ao longo do tempo e do caminho vivenciado na função. Segundo Tardif (2014, 111), o saber experiencial é "um saber temporal, evolutivo e dinâmico que se transforma e se constrói no âmbito de uma carreira, de uma história de vida profissional, e implica uma socialização e uma aprendizagem da profissão".

Os saberes experienciais amparam as decisões rápidas e as intervenções pontuais. Encontram-se presentes nas ações articuladoras e formadoras, e sua mobilização, ajustada aos problemas enfrentados no trabalho, possibilita às CPs agirem com mais confiança diante dos contextos complexos e instáveis com os quais deparam cotidianamente. Trata-se de um saber prático, "impregnado de normatividade e de afetividade, [que] recorre a procedimentos de interpretação de situações rápidas, instáveis, complexas etc." (Tardif, 2014, 108).

Ressaltamos que, em meio às ações que articulam, formam e transformam, foram encontrados vários saberes denominados de forma diferenciada, ao longo da pesquisa, mas que poderiam ser chamados de *saberes experienciais*. Neste tema, entretanto, nomeamos como saberes experienciais: o saber da historicidade, saber evitar os destemperos emocionais, saber ser paciente em relação ao tempo necessário às mudanças, considerando sua relevância na constituição do percurso profissional das CP.

A vivência como professor de creche foi concebida também como um saber experiencial pelo fato de que possibilitaria ao CP um repertório mais consistente para atuar nesse espaço. Convém observar que, embora a experiência como professora de creche seja importante, o fato de uma professora ou CP não ter atuado neste espaço não inviabiliza sua atuação, uma vez que a função demanda uma mobilização e um compromisso contínuo para com o aprofundamento conceitual e prático e para novas aprendizagens. Em suma, observamos que os *saberes experienciais* foram forjados pelo tempo e pela caminhada na função, traduzindo-se em gestos, em cuidados, em "*experiência vivida*, enquanto fonte viva de sentidos a partir da qual o próprio passado lhe possibilita esclarecer o presente e antecipar o futuro" (TARDIF, 2014, 66).

Finalizando nossa prosa

Ao longo de toda a pesquisa, percebemos que a articulação, a formação e a transformação caminharam juntas, como um conjunto integrado. Como um amálgama de saberes, as falas das CP denunciaram que suas rotinas podem ser menos enfadonhas e mais transformadoras se alimentadas por profissionalismo, por relações interpessoais mais saudáveis, por um sentimento de pertencimento e uma prática refletida e assumida de forma responsável, que lhes possibilite desconstruir, construir e reconstruir suas identidades profissionais.

Evidenciamos que os CPs norteiam suas práticas no esteio das tensões vividas em face das diferentes atribuições que lhe foram postas e assumidas como pertenças, perante a abrangência de seu papel social, no contexto das transformações sofridas nas creches municipais de Santo André.

Essa perspectiva nos mobiliza a entendê-los como sujeitos em processo permanente de aprendizagem e em contínua constituição de sua identidade profissional; como seres humanos com múltiplos saberes revelados e constituídos no contexto de trabalho, na relação com os outros, uma vez que "a atividade educativa é essencialmente relacional", como cita Vasconcellos (2010, 11).

É necessário, então, que trabalhemos para a superação de um modelo idealizado de CP, que urge ser entendido como uma pessoa concreta, sujeita às limitações e tensões de seu cotidiano, sejam elas as pressões decorrentes de sua própria subjetividade, tais como crenças e expectativas, ou ainda de condições externas, como as pressões do ambiente da própria creche, do sistema educacional, entre outras (ALMEIDA, 2004). Conduzirmo-nos nesse caminho pode contribuir para o desenvolvimento de uma maior consciência acerca de si e da função desempenhada.

Assim, faz-se primordial que os processos formativos dos CP sejam um investimento contínuo, preservado da fragmentação e do sucateamento. A busca de nexo e continuidade para as ações formadoras voltadas à escola infantil urge ser uma meta das equipes, visando à compreensão do direito da criança de viver sua infância de forma que possa ser cuidada e educada, respeitada em suas singularidades, necessidades e sonhos.

Em última instância, cumpre compartilhar o receio de que a iminência do processo eleitoral, de certa maneira, possa ter "contaminado" as percepções das entrevistadas, uma vez que períodos de transição semeiam reflexões e elevam o nível de ansiedade.

O *tempo* é um fator preponderante para a consolidação de mudanças na prática pedagógica. Assim, as incertezas e dúvidas traduziram-se em inquietações reveladas em muitos momentos acerca da continuidade ou interrupção dos processos formativos, da constituição da identidade e dos saberes profissionais desses coordenadores.

Vivendo neste mundo complexo, diverso, limitado aos tempos, com nossos inacabamentos a tiracolo e carregando o peso de nossas bagagens, é provável que, como humanos e professores, nos deixemos abater pela desesperança e nos contagiemos pelo pessimismo. Pensamos que seguir adiante pressupõe a coragem de reconhecermo-nos incompletos, imperfeitos e inconclusos, como nos relembrou Freire (1996).

Os ensinamentos de Drummond também nos provocam a seguir, inquietos e taciturnos, porém esperançosos e de "mãos dadas", em relação ao futuro. Encerramos este artigo com a convicção, de que, à revelia das incertezas, é imprescindível celebrar os muitos saberes mobilizados, revelados, constituídos nas rotinas de trabalho e evidenciados neste estudo, em especial os saberes ainda não sabidos pelos próprios CPs.

Revelá-los e perscrutá-los é tarefa para os pesquisadores de sua própria prática, que se reconhecem como humildes e esperançosos produtores de conhecimento, no tempo, no caminho e na experiência.

Rotinas
(Margarete Cazzolato Sula, Primavera de 2016)

Abandonar as rotas previstas
As ideias preconcebidas
O vestido preto no armário, à espera da festa.
O mesmo ritual que consagra as manhãs.
O que fazer amanhã?

Abandonar a rotina rotineira
A pura reprodução, a mera alienação. Abandonar...
Tudo que algema, enquadra, amofina, empequenece.
Negar ao que somente controla
Ao que cerceia, ao que limita, ao que entristece.

Rotinização, apenas para a organização!
Para cuidar da força do coletivo
Para comunicar a palavra certa, no momento necessário.
Aquela que não sela o destino, mas que provoca a mudança.
A que instiga o adulto e mobiliza a criança.

Levar a tiracolo um amálgama dos seus saberes,
Refletir, profundamente, a gênese dos nossos fazeres.
Nossas marcas, nossa história de vida, nossa identidade
E saber olhar, ouvir e silenciar...
Quando se perder o fio da amorosidade.

Coordenar, lapidar as pedras que encontramos no caminho!
Articular, formar, transformar!
E se encantar com cada flor que nascer em meio ao asfalto!
Ter o inusitado como guia de viagem.
E o universo como descoberta.
Seguir em frente à procura de novos saberes e
Reiniciar, com humildade, a cada aprendizagem.
Desaprender, aprender e reaprender a docência,

No tempo, no caminho e na experiência.

Referências

ALMEIDA, L. R. de. Ser Professor. Um diálogo com Henry Wallon. In: MAHONEY, A. A.; ALMEIDA, L. R. de. *A constituição da pessoa na proposta de Henry Wallon*. São Paulo: Loyola, 2004.

_____. O relacionamento interpessoal na coordenação pedagógica. In: ALMEIDA, L. R. de; PLACCO, V. M. N. de S. (org.). *O coordenador pedagógico e o espaço da mudança*. São Paulo: Loyola, ^{10}2012.

ALMEIDA, L. R. de; SZYMANSKI, H. A dimensão afetiva na situação de entrevista de pesquisa em educação. In: SZYMANSKI, H. (org.); ALMEIDA, L. R.; PRANDINI, R. C. A. R. *A entrevista na pesquisa em educação. A prática reflexiva.* Brasília: Liber Livro, ^{3}2010.

ANDRADE, C. D. de. Mãos dadas (1940). In: _____. *Sentimento do mundo*. São Paulo: Companhia das Letras, 2012.

_____. A procura da poesia (1945). In: _____. *A rosa do povo*. Rio de Janeiro: Record, ^{21}2000.

BARBOSA. M. C. S. *Por amor e por força. Rotinas na educação infantil*. Porto Alegre: Artmed, 2006.

BRASIL. Ministério da Educação. CNE/CEB. *Parecer n. 20/2009, de 11 de novembro de 2009*. Revisão das Diretrizes Curriculares Nacionais para a Educação Infantil. Brasília: CNE/CEB, 2009. Disponível em: <http://portal.mec.gov.br/index.php?option=com_docman&view=download&alias=3748-parecer-dcnei-nov-2009&category_slug=fevereiro-2010-pdf&Itemid=30192>. Acesso em: 4 abr. 2016.

DUBAR, C. Para uma teoria sociológica da identidade. In: _____. *A socialização. Construção das identidades sociais e profissionais*. São Paulo: Martins Fontes, 2005, 133-156.

FREIRE, P. *Pedagogia da autonomia. Saberes necessários à prática educativa*. São Paulo: Paz e Terra, 1996 (Coleção Leitura).

GARCIA, C. M. *Formação de professores. Para uma mudança educativa*. Porto: Porto Editora, 1999, 11-68.

GOUVEIA, B.; PLACCO, V. M. N. de S. A formação permanente, o papel do coordenador pedagógico e a rede colaborativa. In: ALMEIDA, L. R. de; PLACCO, V. M. N. de S. (org.). *O coordenador pedagógico e a formação centrada na Escola*. São Paulo: Loyola, 2013.

IMBERNÓN, F. *Formação continuada de professores*. Porto Alegre: Artmed, 2010, 76-84.

_____. *Formação docente e profissional. Formar-se para a mudança e a incerteza*. São Paulo: Cortez, ^{9}2011.

NÓVOA, A. Para uma formação de professores construída dentro da profissão. In: _____. *Professores imagens do futuro presente*. Lisboa, Educa, 2009.

PLACCO, V. M. N. de S. Ser humano hoje. Contribuições da formação e pesquisa. In: ENS, R. T.; BEHREN, M. A. (org.). *Formação do professor. Profissionalidade, pesquisa e cultura escolar.* Curitiba: Champagnat, 2010. (Coleção Formação do Professor, 1).

_____. O coordenador pedagógico no confronto com o cotidiano da escola. In: PLACCO, V. M. N. de S.; ALMEIDA, L. R. de (org.). *O coordenador pedagógico e o cotidiano na escola.* São Paulo: Loyola, ⁹2012.

_____; ALMEIDA, L. R. de; SOUZA, V. L. T. de. O coordenador pedagógico e a formação de professores. Intenções, tensões e contradições. *Revista Estudo e pesquisas Educacionais,* São Paulo, 2011. Disponível em: <http://www.fvc.org.br/pdf/livro2-04-coordenador.pdf>. Acesso em: 28 abr. 2016.

PLACCO, V. M. N. de S.; SOUZA, V. L. T. de. Identidade de professores: considerações críticas sobre perspectivas teóricas e suas possibilidades na pesquisa. In: CORDEIRO, A. M.; HOBOLD, M. de S.; AGUIAR, M. A. L. de. *Trabalho docente. Formação, práticas e pesquisa.* Joinville: Univille, 2010, 79-99.

SANTOS NETO, E. *Projeto Político Pedagógico. Algumas possíveis articulações com a prática pedagógica no cotidiano.* São Paulo: Umesp, 2006.

SOUZA, V. L. T. de. O coordenador pedagógico e a constituição do grupo de professores. In: ALMEIDA, L. R. de; PLACCO, V. M. N. de S. (org.). *O coordenador pedagógico e o espaço da mudança.* São Paulo: Loyola, 2012.

_____; PLACCO, V. M. N. de S. Entraves da formação centrada na escola. Possibilidades de superação pela parceria da gestão na formação. In: ALMEIDA, L. R. de (org.). *O coordenador pedagógico e a formação centrada na escola.* São Paulo: Loyola, 2013.

TARDIF, Maurice. *Saberes docentes e formação profissional.* Petrópolis: Vozes, ¹⁶2014.

VASCONCELLOS, C. dos S. *Coordenação do trabalho pedagógico. Do projeto político-pedagógico à sala de aula.* São Paulo: Libertad, ¹³2010.

_____. *Saberes docentes e formação profissional.* Petrópolis: Vozes, ¹⁷2014.

O coordenador pedagógico e o psicólogo escolar: práticas cooperativas na mediação das ações

Rafael da Nova Favarin[1]
rnfavarin@gmail.com

Guilherme Siqueira Arinelli[2]
gsarinelli@gmail.com

Vera Lucia Trevisan de Souza[3]
vera.trevisan@uol.com.br

Este texto tem por objetivo refletir sobre a prática do coordenador pedagógico mediada pelas contribuições do psicólogo escolar para além do atendimento ao aluno com dificuldade e sua família. Em nossa prática no atendimento ao aluno com dificuldade, na escuta e formação de docentes e no trabalho no interior da escola tendo em vista o coletivo, percebemos que o coordenador pedagógico envolve-se em diferentes tipos de atividades, urgências e ocorrências com os alunos e com sua equipe, e pouco ou nada lhe sobra para o envolvimento com a reflexão crítica de sua prática, para questionamentos a respeito do que faz e da busca por uma nova

---

1. Mestrando pelo programa de pós-graduação em Psicologia da PUC-Campinas. Bolsista Capes.
2. Mestrando pelo programa de pós-graduação em Psicologia da PUC-Campinas. Bolsista CNPq.
3. Professora doutora e coordenadora do programa de pós-graduação em Psicologia da PUC-Campinas.

perspectiva de trabalho. Nesse sentido, a ação do psicólogo escolar junto ao coordenador pedagógico, por meio de práticas cooperativas relacionadas à reflexão sobre como lidar com crianças apontadas pelos professores como tendo dificuldades de aprendizagem, poderá promover a construção de novas formas de agir em relação a uma questão que tem gerado conflitos e encaminhamentos que em nada contribuem com o desenvolvimento da criança. Contudo, tal como nos alertam Placco e Souza (2012), o contexto da escola promove *stress* excessivo em todos os profissionais envolvidos, acarretando desequilíbrios emocionais e físicos, tanto nos professores quanto nos alunos e demais funcionários, dificultando que sozinhos consigam enxergar soluções a curto e médio prazo e que mobilizem ações para mudanças, necessitando, assim, de apoio para superar tais condições, que nesse contexto pode ser oferecido pelo psicólogo escolar.

Apresentamos, a seguir, algumas reflexões sobre ações do CP com potencial de transformar sua prática e promover o desenvolvimento de alunos e professores. Do mesmo modo, apresentaremos as possibilidades de trabalho do psicólogo escolar que não se restringem ao atendimento do aluno e de sua família, tampouco ao diagnóstico de alunos com "ditas" dificuldades ou deficiência, mas que atuam nas relações, ampliando as possibilidades do seu trabalho e dos demais profissionais da escola.

O coordenador pedagógico e as possibilidades de transformação

Conta a história que o pintor francês Paul Cézanne (1839-1906), responsável por um novo modo de ver e representar os objetos, bem como a natureza em sua relação com o espaço e fonte de inspiração ao cubismo (movimento assumido e desenvolvido logo após sua morte, por Pablo Picasso), passou sua vida se questionando a respeito de sua obra. O filósofo Maurice Merleau-Ponty destaca no texto "A dúvida de Cézanne" o custo assumido pelo pintor diante da busca solitária em sentir e ver o mundo em uma nova perspectiva. Ele escreve:

> Eram-lhe necessárias cem sessões de trabalho para uma natureza morta, cento e cinquenta de pose para um retrato. O que cha-

mamos sua obra para ele era apenas a tentativa e a abordagem de sua pintura. Escreve em setembro de 1906, com 67 anos, um mês antes de morrer: "Eu me achava num tal estado de distúrbios cerebrais, num distúrbio tão grande, que temi, por um momento, que minha frágil razão não resistisse... Agora parece que estou melhor e que penso mais corretamente na orientação de meus estudos. Chegarei ao fim tão procurado e por tanto tempo perseguido? Estudo sempre a natureza e parece que faço lentos progressos (MERLEAU-PONTY, 2004, 113).

Fica evidente que essa busca, insaciável, apresentava em sua gênese questionamentos nunca completamente respondidos que impulsionavam o pintor em direção ao conhecimento. Tal como no aforismo socrático "tudo que sei é que nada sei", Cézanne não estava trilhando o caminho próprio da ignorância, "que nada sei", mas utilizava cautelosamente seu saber na construção de uma realidade que lhe fosse aceitável, momento a momento, pincelada a pincelada. Fazia isso para si, e seus lentos avanços rendiam-lhe intermináveis sessões diante das telas. Em síntese, indagava-se.

Na produção do conhecimento, cada vez mais, o papel do humano vem se colocando à prova. Não por falta de importância, mas talvez pela dificuldade em mediar esse novo cenário em que informação e conhecimento tornam-se sinônimos ao senso comum. Dizem os adeptos dessa lógica que basta um computador com acesso à internet para compreender os mistérios do mundo. Será? Extingue-se com isso o questionamento, em sua dimensão dialógica.

Recentemente, ao participar de uma aula de trabalho pedagógico coletivo (ATPC) dentro de uma escola municipal, junto aos coordenadores e professores do ensino fundamental I, ecoou uma frase desferida por uma professora: "Ah, não sei nada disso, trabalho há muitos anos e não sei nada sobre Emilia Ferreiro e Paulo Freire, não lembro, sei da minha prática". Nesse dia, tratava-se de um encontro sobre a direção teórica assumida pela nova gestão: a pedagogia crítica. Ao conversar posteriormente com os coordenadores pedagógicos sobre essa fala, questionamos se a prática de uma vida se sustentaria sem o reconhecimento de uma base epistemológica que a alicerçasse. Ainda, pode a prática se desenvolver na ausência de um questionamento a respeito de suas origens? Nessa reunião ficou evidente a necessidade de dialogarmos com os professores sobre a questão. Mas não teria sido essa a tarefa dos coordenadores pedagógicos que assumiram a função, ao longo de vários anos, junto dessa equipe? A esse respeito, quatro questões emergem, a saber: será que os coordenadores compreendem seu papel? Como exercê-lo diante das relações (de poder) vivenciadas (tensionadas) no ambiente escolar? O professor demanda conhecimento para dar conta de sua ação? Qual é o efeito desse (des)encontro com as produções e dificuldades escolares?

Entender que toda ação humana é marcada por uma intenção é admitir que por trás de tudo que se realiza existe uma concepção epistemológica que o explica. A esse respeito, Christov (2012) nos lembra de que para compreender nossas ações devemos nos questionar sobre nossas intenções. Ocorre que nesse movimento não será tarefa fácil compreender determinada concepção teórica que possa estar na base da atividade prática. Contudo, essa dificuldade não elimina sua existência. A autora adianta que entre a teoria de um autor e a prática produzida estariam em curso a interpretação e a teoria própria do leitor. A esse filtro, soma-se a dificuldade em ler o mundo de uma perspectiva crítica, produzida ao longo dos anos por uma tradição educacional condensada em repetições, trazendo a falsa impressão de que teoria é uma coisa e prática é outra. Com efeito, dentro de uma escola, se professores e coordenadores não reconhecem uma base teórica que sustente as práticas escolares, tampouco precisarão estudar sobre ela, a não ser por obrigação ou imposição. Logo, nos questionamos: quais seriam os impactos desse movimento nas atividades desempenhadas por esses atores escolares?

Com base em Placco, Almeida e Souza (2015), entende-se que a função central do coordenador pedagógico consiste em três ações que se desenvolvem de modo imbricado, envolvendo a *articulação* dos processos educativos, a *formação dos professores* e a consequente *transformação* das práticas escolares em direção a uma melhor qualidade da educação. Destacam que o coordenador pedagógico ocupa um lugar essencial na condução do trabalho pedagógico, assim como para as mudanças necessárias e alinhamentos teóricos junto à equipe de professores. Contudo, por vezes não conseguem reconhecer-se nesse lugar, emergindo uma dicotomia entre o que ele acredita ser sua função e o cotidiano vivido na escola, o que produz uma prática voltada às urgências em detrimento das necessidades.

Segundo as autoras, os coordenadores pedagógicos vivem uma crise identitária, atuando como agentes voltados às questões burocráticas da escola, seja resolvendo ocorrências com alunos e seus pais, seja buscando professores substitutos para as aulas, transmitindo recados da Secretaria de Educação ou assumindo as demandas dos diretores. Pouco a pouco, seu papel de formador configura-se como elemento secundário nessa trama, prevalecendo, assim, "o eixo da articulação, em detrimento do eixo da formação. E esse desequilíbrio contribui para que o eixo da transformação quase nunca chegue a ser cogitado no âmbito da escola" (PLACCO; ALMEIDA; SOUZA, 2015, 15).

As pesquisadoras alertam para as dificuldades encontradas pelos coordenadores pedagógicos para realizar a formação, assim como as limitações enquanto liderança do coletivo. Isso porque, em geral, quem planeja e organiza as formações são as Secretarias de Educação, de modo que a participação dos coordenadores encontra-se resumida ao oferecimento de sugestões e, eventualmente, à articulação das discussões. Por fim, observamos que, tal como os professores, esses profissionais entendem que o valor da formação encontra-se em visualizar o que se aprende na prática cotidiana (PLACCO; ALMEIDA; SOUZA, 2015).

O psicólogo escolar nas práticas educativas

Reconhecidamente um espaço permeado por tensões em vários níveis, as relações estabelecidas entre os diversos agentes escolares acabam seguindo uma lógica de poder cujo elo frágil é o aluno e sua família. Para compreender essa afirmação, bastaria olhar os encaminhamentos feitos aos especialistas, cuja ênfase está centrada na criança, com hipóteses voltadas às deficiências neuropsicomotoras, emocionais, sem questionamentos sobre as relações vivenciadas no ambiente escolar (GOMES; PEDRERO, 2015; LEONARDO; LEAL; ROSSATO, 2015; LOPES; RIBEIRO, 2013; BRAY; LEONARDO, 2011; NAKAMURA et al., 2008; SOUZA, 2007). Fica uma questão: como se podem produzir encaminhamentos, com hipóteses clínicas, sem que o caso seja discutido à luz de uma referência teórica? Souza (2007) alerta para a forma como os psicólogos recebem e olham para esses encaminhamentos ainda hoje. Ao realizar análises de prontuários sobre pedidos de ajuda à queixa escolar, em clínicas-escolas de quatro cursos de Psicologia da cidade de São Paulo, a autora identificou uma leitura psicológica hegemônica, um olhar determinista em relação à história pregressa, pouco atenta à vida das crianças como sujeitos ativos no contexto em que estiveram inseridas. Ou seja, sem levar em consideração o campo escolar, produzindo um prognóstico e direção de tratamento "padronizado" — a psicoterapia. Segundo a autora:

> Todo o processo de escolarização da criança encaminhada não é trazido para o atendimento psicológico, é negado, é omitido, criando uma leitura fragmentada e simplista das causas dos problemas escolares. Desconsidera-se, *a priori*, a complexa história de escolarização dessa criança encaminhada (SOUZA, 2007).

Se por um lado os encaminhamentos são produzidos, entende-se que por outro lado são legitimados. Parafraseando a lei de mercado da oferta e da procura, na qual em um dado momento a oferta produz demanda, de forma análoga, se desconsidera o sujeito e suas relações, toma-o como objeto (ou um corpo/mente), produz-se uma queixa para o tratamento e um tratamento para a queixa, em que o primeiro atualiza o segundo e vice-versa. Torna-se impossível, nessa perspectiva, existirem psicólogos suficientes ao atendimento da queixa escolar, pois, quanto maior o número de psicólogos clínicos no atendimento dos problemas escolares, maior a quantidade de queixas produzidas.

Guzzo (2005) discorre sobre o papel da escola permeada pela lógica do social, balizada pelo capital, cujo efeito revela a coisificação do outro em sua não consciência a respeito de sua constituição humana, que, por excelência social, critica as relações existentes no interior das escolas, por vezes excludentes em relação a um aluno ideal. A autora observa que a própria escola encontra-se amordaçada, pois, sem voz, não reage e "não desperta para sua importância como espaço de libertação e conscientização, de revolução e emancipação, de crescimento e de vida" (GUZZO, 2005, 20).

Essa relação passiva diante dos alunos acaba por esquivar a escola de compreender o que ocorre em seu interior, bem como na vida de seus alunos, em um processo de alienação e reprodução da lógica social dominante, sem sentido e descontextualizada. Assim, a autora exemplifica trazendo à tona um desejo revelado por uma professora em um momento de discussão coletiva, o de esquecer "tudo o que tinha visto e ouvido naquele contexto para poder conseguir viver a própria vida" (Guzzo, 2005, 21).

A esse respeito, como poderá um educador compreender se lhe faltam perguntas? Como poderá uma ação reverter-se em prática libertadora e emancipadora se resistimos em olhar para além das lentes opacas dos óculos do sistema? Como o coordenador pedagógico poderá fazer frente, formando professores, se ele mesmo encontra-se enfraquecido em sua função, em uma escola amordaçada? Parece lógico que, tal como não se deva tributar à criança toda a responsabilidade sobre seu insucesso, tampouco seria justo fazê-lo com os demais, sem antes buscar uma leitura crítica sobre a situação. Afinal, a escola "é o microcosmo do social" e ao psicólogo escolar cabe pensar em novas ações para seu fortalecimento.

Em uma pesquisa envolvendo gestores de uma escola pública, Petroni e Souza (2014) enfatizam a necessidade da construção do coletivo por intermédio do desenvolvimento e ampliação da consciência dos profissionais sobre os papéis exercidos por eles. Partindo de uma visão crítica sobre a função da psicologia escolar, buscaram organizar sua prática sustentada em três eixos: a *superação* dos limites relativos à atuação dos profissionais da escola; a *cooperação*, compreendida como parceria em um trabalho que se sustenta pelo outro e para o outro; e a *emancipação* ou o estabelecimento da autonomia em que pese o reconhecimento do sujeito sobre seu papel, imbricado diretamente no coletivo.

Em outro trabalho, também com gestores de uma escola pública, Dugnani e Souza (2016) observaram, por intermédio de mediações estéticas e semióticas, favorecidas por expressões artísticas, produções subjetivas na direção do desenvolvimento da consciência sobre si e sobre o outro. Perceberam que, com as mediações oferecidas pelo psicólogo escolar, os gestores puderam ressignificar sua prática, atribuindo-lhe novos sentidos e significados e mobilizando sua vontade na promoção de novas ações.

Ambos os trabalhos alertam que, diante de um espaço tensionado, gestores escolares acabam desviando sua função para situações administrativas e/ou burocráticas que resultam em um "apagar incêndios" como prática primeira. Dessa forma, o encontro com o psicólogo escolar resultou em momentos de reflexão voltados para a construção de um coletivo, por vezes fraturado e dissolvido nas relações existentes na escola. Afinal, em um coletivo cooperativo, superação e emancipação estariam articuladas.

Placco e Souza (2012) discutem sobre esse tema ao tratar da construção do coletivo escolar como uma ação permanente, sobretudo do coordenador pedagógico, encaminhada sob a dimensão da prevenção aos impasses vividos na escola. As autoras compreendem como trabalho coletivo aquele em que há prevalência de parcerias na direção de uma escola que garanta melhores condições de ensino, uma vez que "pressupõe integração de todos os profissionais da escola, a não fragmentação de suas ações e práticas e, fundamentalmente, o compromisso com a formação do aluno" (PLACCO; SOUZA, 2012, 27).

Tarefa complexa, pois pretensiosa, na medida em que nessa construção está em jogo refletir sobre o que é próprio do singular no plural, do sujeito no coletivo, respeitando seus limites, sentimentos, valores, em uma conjuntura dinâmica e inacabada. Com efeito, ao se reconhecer nesse campo, também poderá desenvolver-se.

Para esse desenvolvimento se aposta em um modelo formativo com enfoque preventivo. Não se trata de assumir uma postura tal qual de um oráculo, que tudo vê para tudo evitar, mas de assumir os riscos e incursões inevitáveis no processo da vida, podendo realizar boas escolhas e encontrar saídas adequadas. Quanto à formação, Placco e Souza (2012) alertam para a necessidade de um espaço permanente de diálogo, que leve em conta os momentos de vida dos diversos atores escolares, os ritmos, as condições de trabalho, busquem práticas curriculares inovadoras e desafiadoras e possam envolver alunos e professores no planejamento de ações coletivas.

Nesse processo, a mediação do coordenador pedagógico torna-se imperiosa e elementar. Buscará a prevenção articulada em intervenções com vistas à prospecção de uma escola integrada e segura. Segundo as autoras, "quando se objetiva a formação do professor, é fundamental sua participação intensa e significativa, pois o que precisa ser mobilizado e transformado é sua consciência" (PLACCO; SOUZA, 2012, 34). O psicólogo escolar vem demonstrando poder contribuir nesse processo, na medida em que desenvolve um novo olhar para os processos educativos e para o modo como a escola se organiza, compreendendo seu funcionamento construído na relação com as mudanças históricas e sociais. Em relação a essas transformações históricas, Charlot (2013) nos lembra que primeiro a escola passa a ser cobrada por sua eficiência, aumenta-se o nível escolar desejado, ambiciona-se o ensino superior, privatizam-se escolas em todos os níveis, novas tecnologias passam a dividir a atenção dos alunos; e a profissão docente, antes estável, passa a ser pressionada a mudar, visando resolver muitas questões e problemas que circulam na escola, sendo o professor avaliado indiretamente, ou seja, pelo desempenho dos alunos em suas avaliações. Segundo o autor, é nessa nova configuração "socioescolar" que a contradição chega à escola.

Ações cooperativas entre o coordenador pedagógico e o psicólogo escolar

Ao atravessar os portões de uma escola, inúmeras possibilidades se apresentam. Talvez na mesma proporção das impossibilidades. Contudo, a escola existe, está lá, e, mesmo sem respostas às muitas de suas demandas, cabe ao educador assumir seu compromisso histórico e social de oferecer condições de aprendizagem e desenvolvimento aos sujeitos que a habitam. Não poderia ser diferente com o psicólogo, que, ao recriar um modelo de atuação na escola, deve atuar nos mais diferentes grupos de profissionais ou alunos, visando apoiar as relações, promover a reflexão, sobretudo em relação a questões sociais que aportam na escola, conferindo-lhe uma demanda por vezes pesada demais para dar conta sem apoio de outros profissionais. E entendemos que a coordenação pedagógica é o "lugar" para onde essas demandas são conduzidas, com vista à proposição de soluções.

Nessa direção, com base em uma psicologia escolar crítica, sobretudo a psicologia histórico-cultural, inúmeros trabalhos de pesquisa e intervenção foram e continuam sendo desenvolvidos pelo grupo Processos de Constituição do Sujeito em Práticas Educativas da PUC-Campinas (Prosped). Visando à transformação coletiva das práticas educacionais, seja em intervenções diretas com gestores (PETRONI; SOUZA, 2014; DUGNANI; SOUZA, 2016), com professores (ANDRADA; SOUZA, 2015), voltadas à educação inclusiva (GOMES; SOUZA, 2014), com alunos que apresentam dificuldades escolares (JESUS et al., 2013), ou com alunos de salas regulares (BARBOSA; SOUZA 2015) e no entendimento que suas famílias possuem sobre a educação (SOUZA et al., 2013), essas pesquisas procuram dialogar com a lógica educacional em um movimento que busca "conhecer para transformar" a realidade em questão, como também "transformar para conhecer", em um movimento dialético que caracteriza a inesgotabilidade de sua prática.

Em uma pesquisa que conduzimos recentemente em uma cidade no interior de São Paulo, os coordenadores pedagógicos da rede municipal participaram de encontros formativos, permeados por debates e favorecidos pela apreciação de materialidades artísticas. Buscava-se compreender para poder superar a queixa escolar construída e legitimada no interior da escola. Nesses encontros, os coordenadores pedagógicos sentiram-se à vontade e acolhidos para falar sobre suas dificuldades que configuram entraves ao seu trabalho.

Ao usar a arte, buscamos acessar os aspectos sensíveis que favorecem a reflexão sobre os temas desenvolvidos, uma vez que, segundo Souza (2016, 22), "ao tocar os afetos, a arte favorece a superação da reprodução de discursos, por não suscitar respostas ou defesas, por não pressupor reações ou expressões corretas, por fazer emergir a contradição".

Assim, ao falar sobre a queixa escolar em um espaço mediado e entre pares, quatro categorias emergiram, sendo a dificuldade diante do aluno apenas uma delas, talvez a face viciada da moeda que, mesmo atirada várias vezes, sempre repousa sobre o aluno e sua família.

Se por um lado apareceram falas voltadas às dificuldades centradas nos alunos e suas famílias, por outro conseguiu-se refletir sobre o papel do professor, o ambiente escolar e os problemas sociais que configuram um mal-estar velado e pouco discutido. Em um desses diálogos, uma coordenadora pedagógica deixa evidente em sua fala a preocupação sobre a cultura escolar, que se reflete diretamente na relação entre professor e aluno. Para ela, o primeiro deveria portar-se de forma educada para ser capaz de cobrar o mesmo comportamento dos estudantes.

Ainda nesse sentido, identificamos as falas de mais duas CPs, quando relataram as dificuldades em enfrentar as adversidades na escola e ainda ter de lidar com os preconceitos da equipe. A primeira referiu uma situação em que uma professora, de forma espontânea, desqualificou sua ação, colocando em dúvida a relação que ela estava estabelecendo com um aluno. A segunda apontou para a questão do afeto, entendido por ela como sinônimo de cuidado, acolhimento e atenção, que por vezes falta às crianças no ambiente escolar.

Ocorre que, tal como Vygotsky e seu aforismo, "através dos outros nos tornamos nós mesmos", ao olhar para o outro acabamos reconhecendo nossos próprios aspectos, e nessa reflexão os coordenadores pedagógicos puderam perceber uma trama ampliada dos processos escolares que diz respeito à sociedade e seu desenvolvimento. Em alguns momentos, conseguiram olhar para a queixa escolar de forma ampliada, como também visualizaram como se estivessem do outro lado, na posição das mães e pais de seus alunos.

Em um diálogo observado e mediado, diferentes coordenadores puderam expor sua opinião sobre a liberdade no contexto escolar. Ao problematizar a indisciplina do aluno *versus* sua possibilidade de manifestar-se, conseguiram deslocar o eixo de gravidade que pesa sobre a criança e concluíram que muitas vezes os adultos cometem essa mesma indisciplina, caso usássemos os mesmos critérios de avaliação. Nesse debate, avançaram e refletiram sobre a liberdade do professor em contraposição com sua falta de disciplina em cumprir as exigências da docência. Dessa forma, perceberam que a sociedade mudou e os velhos costumes não resultam mais necessariamente em boas práticas. Mudou a criança, sua família, o professor, a escola e a sociedade. Com efeito, puderam refletir sobre o uso das novas tecnologias e posicionamentos institucionais, quando lembraram que também não ficam confortáveis ao ser convocados nas escolas de seus filhos.

De qualquer forma, conseguiram descolar a queixa do aluno, ampliando seu entendimento e a contextualizando. Contudo, notou-se que esse processo de reflexão necessita de mediação continuada, sob o risco de esvair-se, como também asseveram Dugnani e Souza

(2016), uma vez que o desenvolvimento da consciência não é linear e necessita do outro, o que torna essa jornada repleta de reviravoltas. Segundo Souza e Andrada:

> se assemelha mais a uma revolução do que a uma evolução. Isso porque envolve a ação permanente do sujeito em relação ao meio [...], visto que dele derivam o conteúdo e a dinâmica que, apropriados pelo sujeito de modo próprio e singular, constituirão seu sistema psicológico e sua personalidade (2013, 357).

Fica evidente que a queixa escolar centrada no aluno é apenas a ponta do *iceberg* e foi possível, a partir de mediações, olhar para o restante, o lado submerso. Ao final, poderá essa virada contribuir para o enfrentamento da queixa do aluno?

Algumas considerações finais

Neste texto, quisemos chamar a atenção dos coordenadores pedagógicos e do psicólogo escolar para possibilidades de trabalho em que esses dois atores escolares promovam uma reflexão crítica sobre os encaminhamentos de alunos cuja queixa está sempre centrada em uma dúvida quanto à sua capacidade de aprendizado; além disso, quando há possibilidade de diálogo entre o coordenador pedagógico e o psicólogo em um espaço de acolhimento e confiança, pode-se pensar em outras circunstâncias na escola que impedem a fluidez do trabalho e que, portanto, deslocam o eixo antes localizado apenas no aluno.

Por fim, entendemos que favorecer a reflexão crítica do coordenador pedagógico o fortalece para novas práticas, relacionadas, sobretudo, ao seu papel dentro da escola, uma vez que poderá se sentir mais confiante para intervir com os outros profissionais envolvidos na "queixa estendida" mediada pelas contribuições do psicólogo escolar.

Cézanne nos ensina que questionar-se é preciso, mas, além disso, que o processo é longo e oneroso. Não se aprende do dia para a noite, tampouco se desenvolve nesse ritmo. Reconhecer o processo como um caminho formativo, entrelaçado com o contexto social e histórico, poderá conduzir o sujeito ao conhecimento. Foi considerando essa premissa que nos propusemos trabalhar com o coordenador pedagógico, a quem cabe, na escola, a tarefa de atuar na formação e transformação das práticas escolares, fato que em seu extremo resultaria em ações escolares críticas e preventivas. Pretendemos acolhê-lo em sua dimensão coletiva e contribuir para que momentos de pausa convirjam em atos de enfrentamento e superação dos conflitos, com vistas à transformação dos espaços de troca e reflexão. Reconhecemos que não se trata de tarefa simples, mas longa, tensionada, que exige persistência e trabalho. Afinal, quem disse que ao pintar um quadro não nos sujamos de tinta?

Referências

ANDRADA, P. C.; SOUZA, V. L. T. Corpo e docência. A dança circular como promotora do desenvolvimento da consciência. *Psicologia Escolar e Educacional*, v. 19, n. 2 (2015) 359-368.

BARBOSA, E. T.; SOUZA, V. L. T. Sentidos do respeito para alunos. Uma análise na perspectiva da psicologia histórico-cultural. *Psicologia: Ciência e Profissão*, v. 35, n. 2 (2015) 255-270.

BRAY, C. T.; LEONARDO, N. S. T. As queixas escolares na compreensão de educadoras de escolas públicas e privadas. *Psicologia Escolar e Educacional*, v. 15, n. 2 (2011) 251-261.

CHARLOT, B. *Da relação com o saber às práticas educativas*. São Paulo: Cortez, 2013.

CHRISTOV, L. H. S. Teoria e prática. O enriquecimento da própria experiência. In: *O coordenador pedagógico e a educação continuada*. São Paulo: Loyola, 2012, 37-40.

DUGNANI, L. A. C.; SOUZA, V. L. T. Psicologia e gestores escolares. Mediações estéticas e semióticas promovendo ações coletivas. *Estudos de Psicologia*, v. 33, n. 2 (2016) 247-259.

GOMES, C.; SOUZA, V. L. T. Os sentidos da inclusão escolar. Reflexões na perspectiva da psicologia histórico-cultural a partir de um estudo de caso. *Psicologia: teoria e prática*, v. 16, n. 3 (2014) 172-183.

GOMES, C. A. V.; PEDRERO, J. N. Queixa escolar. Encaminhamentos e atuação profissional em um município do interior paulista. *Psicologia: Ciência e Profissão*, v. 35, n. 4 (2015) 1239-1256.

GUZZO, R. S. Escola amordaçada. Compromisso do psicólogo com este contexto. In: MARTINEZ, A. M. (org.). *Psicologia escolar e compromisso social*. Campinas: Alínea, 2005, 17-29.

JESUS, J. S.; SOUZA, V. L. T; PETRONI, A. P.; DUGNANI, L. A. C. Os sentidos da aprendizagem para professores da educação infantil, ensino fundamental e médio. *Psicopedagogia*, v. 30, n. 93 (2013) 201-211.

LEONARDO, N. S. T.; LEAL, Z. F. R. G.; ROSSATO, S. P. M. A naturalização das queixas escolares em periódicos científicos. Contribuições da psicologia histórico-cultural. *Psicologia Escolar e Educacional*, v. 19, n. 1 (2015) 163-171.

LOPES, L. F.; RIBEIRO, R. *Medicalização de crianças com queixa escolar e o núcleo de apoio à saúde da família (NASF): uma análise crítica*. Dissertação de Mestrado, Instituto de Psicologia da USP, São Paulo, Brasil, 2013.

MERLEAU-PONTY, M. A dúvida de Cézanne. In: _____. *O olho e o espírito*. São Paulo: Cosac Naify, 2004.

NAKAMURA, M. S. et al. Desvendando a queixa escolar. Um estudo no serviço de psicologia da Universidade Federal de Rondônia. *Psicol. Esc. Educ.* (impr.), v. 12, n. 2 (2008) 423-429.

PETRONI, A. P; SOUZA, V. L. T. Psicólogo escolar e equipe gestora. Tensões e contradições de uma parceria. *Psicologia: Ciência e Profissão*, v. 34, n. 2 (2014) 444-459.

PLACCO, V. M. N. S.; SOUZA, V. L. T. Desafios ao coordenador pedagógico no trabalho coletivo da escola. Intervenção ou prevenção? In: PLACCO, V. M. N. S.; ALMEIDA, L. R. (org.). *O coordenador pedagógico e os desafios da educação*. São Paulo: Loyola, ⁵2012, 25-36.

PLACCO, V. M. N. S.; ALMEIDA, L. R.; SOUZA, V. L. T. Retrato do coordenador pedagógico brasileiro. Nuanças das funções articuladoras e transformadoras. In: PLACCO, V. M. N. S.; ALMEIDA, L. R. (org.). *O coordenador pedagógico no espaço escolar. Articulador, formador e transformador*. São Paulo: Loyola, 2015, 9-24.

SOUZA, M. P. R. Prontuários revelando os bastidores do atendimento psicológico à queixa escolar. In: SOUZA, B. P. (org.). *Orientação à queixa escolar*. São Paulo: Casa do Psicólogo, 2007, 27-58.

SOUZA, V. L. T. Contribuições da psicologia à compreensão do desenvolvimento e da aprendizagem. In: SOUZA, V. L. T.; PETRONI, A. P.; ANDRADA, P. C. (org.). *Psicologia da arte e a promoção do desenvolvimento e aprendizagem. Intervenções em contextos educativos diversos*. São Paulo: Loyola, 2016, 11-28.

_____. ANDRADA, P. C. Contribuições de Vigotski para a compreensão do psiquismo. *Estudos de Psicologia*, v. 30, n. 3 (2013) 355-365.

_____; ANDRADA, P. C.; PISSOLATTI, L. M.; VENANCIO, M. M. R. Os sentidos da escola para os pais. *Psicologia da Educação*, n. 36 (2013) 55-66.

Especialização em coordenação pedagógica: uma experiência de formação de coordenadores

Luiza Helena da Silva Christov[1]
luizachristov@gmail.com

Rosangela de Souza Bittencourt Lara[2]
rlara@sesisp.org.br

Apresentação

O presente artigo registra em linhas gerais o projeto de curso de especialização em Coordenação Pedagógica e destaca a importância da educação continuada das equipes gestoras das redes de educação básica. As autoras acumulam experiência como pesquisadoras e formadoras no campo educacional e coordenam o referido curso no interior da Faculdade Sesi-SP de educação. Destacam no artigo a complexidade de planejar e desenvolver nas escolas básicas um projeto formativo de professores. O artigo está organizado em quatro partes, além de palavras para finalizar: 1. O coordenador

---
1. Profa. Dra. Luiza H. S. Christov, coordenadora da licenciatura em Ciências Humanas e do curso de especialização em Coordenação Pedagógica e Formação Continuada de Professores. Professora e pesquisadora do programa de pós-graduação do Instituto de Artes da Unesp.
2. Profa. mestre Rosangela S. B. Lara, assessora técnica e idealizadora do curso de especialização em Coordenação Pedagógica e Formação Continuada de Professores e da Faculdade Sesi-SP de Educação.

pedagógico como formador na escola; 2. Princípios e compromissos para a formação do coordenador; 3. Abordagem metodológica e matriz curricular; 4. Dois desafios merecem destaque.

1. O coordenador pedagógico como formador na escola

No contexto atual da educação, o coordenador pedagógico é um agente fundamental na gestão do currículo escolar e na formação de docentes.

Sua atuação enquanto formador sofre adversidades já destacadas em outros trabalhos e estudos diversos. Em síntese, podemos afirmar que entre tais adversidades encontram-se:

- a não generalização para todas as redes e às vezes para todas as escolas de uma mesma rede das horas de reflexão coletiva na escola que são fundamentais para construção participativa do projeto de escola e para a intervenção formativa dos coordenadores;
- as constantes interrupções vivenciadas pelos coordenadores em seu papel de formador, vistos muitas vezes por diretores e professores como auxiliares que devem atuar de forma imediatista atendendo alunos, famílias, demandas burocráticas e tarefas que poderiam ser realizadas por funcionários da escola.

Apesar da reconhecida relevância desse profissional, diversas pesquisas evidenciam que no cotidiano escolar prevalecem as práticas administrativas e burocráticas e inúmeras tarefas que se sobrepõem ao trabalho formativo a ser realizado por esse profissional (PLACCO; DAVIS; ALMEIDA; SOUZA, 2011).

Soma-se a essa realidade o fato de os cursos de graduação em Pedagogia raramente privilegiarem conteúdos associados à identidade desse profissional e ao preparo para atuação nos processos formativos de professores, na liderança de equipes e na gestão de processos educativos. Frequentemente esse papel tem sido constituído em serviço nas condições acima descritas (WAJSKOP, 2013).

Considerando esse contexto, o Curso de Especialização em Coordenação Pedagógica, que destacamos neste artigo, destina-se a formar profissionais que exercem ou desejam exercer a coordenação pedagógica na educação básica, com foco no desenvolvimento de competências para aprimorar a atuação na formação continuada de professores, na efetiva liderança de grupos de educadores, na organização do trabalho pedagógico e no acompanhamento e avaliação de indicadores educacionais e nos respectivos encaminhamentos. O objetivo central do curso é ampliar e aprofundar conhecimentos, aprimorando competências para que o coordenador pedagógico desenvolva projetos de formação continuada baseados na escola, visando à qualidade social da educação.

2. Princípios e compromissos para a formação do coordenador

Apostando na importância desse profissional como formador dos professores na escola, o curso em destaque pauta-se em compromissos e objetivos formulados com base em pesquisas e projetos de formação de coordenadores que permitiram a identificação de necessidades específicas para o cotidiano desse profissional.

Os compromissos podem ser entendidos como os princípios do curso:

- Gestão participativa da educação orientada para o direito à educação escolar básica com qualidade social.
- Formação continuada em serviço como prática pedagógica e formativa para promover o desenvolvimento profissional dos professores e consequentemente contribuir para a qualidade social da educação.
- Acesso à produção acadêmica de ponta sobre a coordenação pedagógica, formação de professores e outras pertinentes à atuação do coordenador.
- Articulação entre a teoria e a prática, a reflexão e problematização da realidade da escola, da sala de aula e da profissão docente, levando-se em consideração as diferentes variáveis, como as condições materiais, institu-

cionais e político-ideológicas para a atuação do coordenador pedagógico.
- Adoção de metodologias que contemplem o estudo, a investigação, a criatividade, a análise crítica dos desafios enfrentados no cotidiano escolar, o registro como forma de documentação dos percursos de aprendizagem e o desenvolvimento de experiências no campo de atuação profissional.
- Construção do conhecimento pelo participante do curso, tendo como ponto de partida a vivência investigativa do cotidiano escolar e o aperfeiçoamento da prática.

Os compromissos acima desdobram-se em objetivos específicos, que por sua vez fundamentam as ementas de cada um dos módulos previstos na matriz curricular.

Destacamos apenas alguns desses objetivos, a título de exemplo:
- Identificar no contexto escolar práticas constituintes da identidade profissional do coordenador.
- Analisar de modo crítico as atribuições do coordenador, identificando aquelas pertinentes a seu papel como formador de professores e as interfaces com atribuições de outros integrantes da equipe gestora.
- Compreender e utilizar ferramentas para realizar avaliações diagnósticas do contexto escolar e do território do entorno de modo a identificar elementos que possam subsidiar a construção coletiva do projeto político pedagógico da escola.
- Compreender a instituição escolar como espaço complexo e dinâmico, identificando suas múltiplas necessidades para propor encaminhamentos que contemplem práticas inclusivas e de participação de todos os atores escolares na viabilização do projeto político pedagógico da escola.
- Avaliar o desenvolvimento do Projeto Político Pedagógico da escola e a implementação de propostas curriculares à luz das diretrizes curriculares nacionais e legislação vigente para a educação básica.

3. Abordagem metodológica e matriz curricular

O desenvolvimento do curso privilegiará o estudo, a investigação, a reflexão crítica sobre a prática e a realização de atividades no cotidiano escolar. Assim, o início de cada módulo será destinado ao levantamento dos saberes e experiências prévias dos participantes a respeito das questões centrais a serem analisadas.

Os professores responsáveis construirão um diálogo efetivo com as representações, com as imagens, com as elaborações de cada participante, para garantir a apropriação do conhecimento que possibilite ao educador transformar pensamento de senso comum ao pensamento crítico.

Esse processo de mediação deve pautar-se nas produções acadêmicas sobre o tema, bem como na produção cultural, como a literatura, o cinema, as artes visuais e outras consideradas aqui também, como linguagem e conhecimento relevantes para compreensão da prática educativa e para a formação dos educadores.

Por meio do acervo científico e cultural, busca-se ampliar a visão e a capacidade de refletir sobre diversas questões presentes nas relações humanas, na aprendizagem, no desenvolvimento da formação, compreendida como uma experiência que supera aspectos didáticos-metodológicos e inclui aspectos éticos, políticos, afetivos e estéticos.

A dinâmica do curso pressupõe o desenvolvimento da formação colaborativa e interativa entre os participantes que poderão vivenciar, observar, estudar, avaliar, refletir e elaborar as experiências formativas realizadas na escola e no próprio curso, com o objetivo de construir referências teórico-práticas para sua atuação na coordenação pedagógica, buscando articular o pensar e o fazer.

Desde o início do curso os alunos serão desafiados a elaborar projetos formativos, analisar projetos políticos pedagógicos e propostas curriculares, elaborar roteiros de acompanhamento ao trabalho pedagógico, realizar estudos de casos, analisar experiências de coordenação, operar com ferramentas de gestão de projetos, utilizar ferramentas da web para a formação e organização do trabalho pedagógico, analisar projetos interdisciplinares, propor intervenções, entre outras atividades.

As tecnologias e mídias sociais, suas linguagens e potencialidades para a formação continuada e para a gestão de processos organizativos do trabalho pedagógico serão também estudadas e vivenciadas durante o desenvolvimento do curso.

O trabalho de conclusão de curso tem como ponto de partida a investigação do contexto escolar e a elaboração de um projeto formativo como proposta de ação para transformar uma dada realidade. Esse trabalho de investigação e elaboração do projeto formativo será precondição para a elaboração do artigo, que se constitui como trabalho de conclusão do curso.

O artigo deverá guardar estreita relação com a experiência formativa e proposição do projeto formativo elaborado pelo aluno. Assim, por exemplo, poderá contemplar resultados das investigações realizadas no cotidiano escolar relativos à identificação de necessidades formativas dos professores e possíveis estratégias para superá-las. Poderá ainda apresentar a problematização das práticas formativas existentes na escola em que atua e os desafios do coordenador para implementá-las, ou ainda poderá abordar em seu artigo outras problematizações ou questões estudadas nos módulos, nas quais tenha interesse em se aprofundar.

A matriz curricular contempla os seguintes módulos:

Módulo	Carga horária
Identidade profissional do coordenador pedagógico: aspectos históricos e políticos	40 h
Ética e democracia: diversidades e novas relações no cotidiano escolar	40 h
Projetos formativos na escola e a construção da profissionalidade	40 h
Liderança e gestão do trabalho pedagógico no cotidiano escola	40 h
Avaliação educacional, equidade e qualidade social da educação	40 h
Mídias sociais, tecnologias, comunicação e comunidades de aprendizagem	40 h
Práticas investigativas no cotidiano escolar	40 h
Currículo por área de conhecimentos: interdisciplinaridades na prática educativa	40 h
Seminários de práticas formativas baseadas na escola	40 h

4. Dois desafios merecem destaque

O curso em destaque teve início em 2016 e encontra-se em sua segunda edição.

A maioria dos participantes tem avaliado positivamente o curso, destacando sua importância para a reflexão e o conhecimento dos saberes necessários ao exercício da coordenação.

Neste artigo, porém, consideramos relevante registrar dois aspectos sobre os quais temos refletido com vagar a partir da experiência desse curso de pós-graduação em nível de especialização. São desafios para o desenvolvimento do currículo desse curso e para o próprio exercício da coordenação pedagógica.

O primeiro refere-se à importância da formação continuada para professores que pretendem assumir cargos de gestão nas redes de educação básica. Além de oferecer o preparo para exercer a coordenação pedagógica, o curso de especialização da Faculdade Sesi-SP de Educação tem se configurado como uma suspensão do cotidiano para reflexão sobre as questões do cotidiano das escolas e como território de refúgio e sistematização de saberes próprios de uma escola que se ressignifica diante dos desafios do mundo atual.

Refúgio porque o curso oportuniza o encontro entre diferentes educadores com problemas semelhantes e trocas de experiências que possibilitam a reorganização das práticas pedagógicas. Sistematização de saberes porque as leituras analisadas, os debates e as sínteses produzidas favorecem a identificação dos conhecimentos necessários aos processos formativos na escola, bem como a construção de instrumentos de registros e de análises que constituem os mapeamentos importantes para avaliação sobre o andamento do currículo e do projeto pedagógico. Sem contar com a oportunidade de atualização em termos de teorias pedagógicas, uma vez que pesquisadores e teóricos não cessam de formular novas abordagens não somente a respeito dos processos de ensino e aprendizagem, mas também de gestão.

Sendo assim, os professores responsáveis por cada um dos módulos são desafiados a incluir em suas aulas as trocas de experiências e diálogo constante entre as representações dos participantes e as teorias debatidas. Tal desafio metodológico deve ser entendido como referência, por homologia dos processos, para a atuação dos futuros coordenadores junto a seus grupos de professores.

Outra questão que tem chamado nossa atenção e nos faz pensar sobre a importância da educação continuada dos educadores refere-se ao desafio de elaborar um projeto formativo para ser desenvolvido junto a professores pelo coordenador pedagógico. Tal desafio apresenta-se não apenas para os participantes do curso de especialização sob nossa coordenação, mas para diferentes grupos de coordenadores pedagógicos com os quais atuamos em processos de consultoria e de formação continuada.

Uma dificuldade que se coloca logo no início de elaboração de um projeto formativo está na realização de um diagnóstico que permita ao coordenador conhecer as necessidades de formação de seu grupo de professores. Tal diagnóstico exige um tempo de observação e entrevistas para que as necessidades se revelem. Uma necessidade de formação pode ser identificada pelos próprios professores, mas em muitos casos um professor ou outro podem apresentar uma necessidade que será percebida somente pelo coordenador. Um exemplo: um professor ou professora não percebe que tem dificuldades para realizar escuta dos alunos em sala de aula, mas ao narrar algumas de suas atividades ou ao convidar o coordenador para participar de algumas aulas essa necessidade pode ficar evidente. Por isso o diagnóstico conta com necessidades declaradas pelos professores e necessidades percebidas pelos formadores, no caso os coordenadores.

Outra dificuldade pode ser identificada logo após o diagnóstico, quando os coordenadores devem eleger prioridades e um cronograma de formação. Tal processo deve ser negociado com professores, uma vez que o projeto formativo deve ser assumido como projeto de todos, e não imposto pela coordenação.

Outro desafio que caracteriza o desenvolvimento do projeto formativo está na identificação das pesquisas a serem realizadas pelo grupo de professores, liderados pela coordenação, para enfrentamento das necessidades de formação. O grupo pode ser orientado a dividir tarefas, como levantamentos bibliográficos e de cursos oferecidos em diferentes instituições; resenhas de artigos ou livros e convites a pesquisadores de determinados temas.

Elaborar um projeto formativo e desenvolvê-lo junto a um grupo de professores é uma das tarefas centrais dos coordenadores pedagógicos, entendidos como formadores e gestores responsáveis pelo andamento do currículo escolar. O projeto formativo deve contar com uma proposta de avaliação para que o grupo e os coordenadores possam identificar problemas e refazer caminhos.

Criar e desenvolver um projeto formativo exige saberes por parte dos coordenadores pedagógicos que abarcam desde a leitura analítica dos contextos escolares e das necessidades de formação dos professores até habilidades de registros e usos de tecnologias de informação para monitoramento do andamento curricular, sobretudo no que se refere às invenções de cada professor para encontrar seu modo de ensinar e de aprender com a prática docente.

O curso de especialização destacado neste artigo tem na construção dos saberes citados seu foco central.

Para finalizar

O curso que destacamos neste artigo vem buscando um caminho para o preparo de coordenadores pedagógicos em nível de pós-graduação, *lato sensu*. Muitos são os desafios e as questões que estamos colecionando nesse caminhar. Por isso, podemos afirmar que também estamos aprendendo com os participantes e professores desse curso, com as rodas de leituras, com as inquietações e inteligência de cada um, com cada modo de entender a complexidade da escola básica brasileira.

Referências

FUNDAÇÃO VICTOR CIVITA. Ibope Inteligência. Perfil dos coordenadores pedagógicos da rede pública. São Paulo: FVC/Ibope, 2010. Relatório de Pesquisa. Disponível em: <http://www.fvc.org.br/pdf/coordenador-relatorio.pdf>. Acesso em: 12 abr. 2017.

PLACCO, V. M. N.; DAVIS, C.; ALMEIDA, L. R.; SOUZA, V. L. T. de. O coordenador pedagógico e a formação de professores. Intenções, tensões e contradições.

São Paulo: Fundação Carlos Chagas, 2011. Disponível em: <http://www.fvc.org.br/estudos-e-pesquisas/avulsas/coordenador-pedagogico-cp-formacao-professores.shtml?page=1>. Acesso em: 12 abr. 2017.

ROLDÃO, M. do C. Profissionalidade docente em análise-especificidades do ensino superior e não superior. *Nuances: Estudos sobre Educação*, ano XI, v. 12, n. 13 (2005). Disponível em: <http://revista.fct.unesp.br/index.php/Nuances/article/viewFile/1692/1601>. Acesso em: 9 abr. 2017.

WAJSKOP, G. Papel do coordenador pedagógico nas instituições de ensino. Questões a respeito de sua formação inicial. *E-Tech: Tecnologias para Competitividade Industrial*, n. especial, Educação, 2ª ed. (2013) 50-58. Disponível em: <http://revista.ctai.senai.br/index.php/edicao01/article/viewFile/290/274>. Acesso em: 12 abr. 2017.

Planejar, acompanhar e avaliar: principais atribuições do coordenador pedagógico na instituição escolar

Moacyr da Silva[1]
rmoasilva@yahoo.com.br

> *A proposta de uma gestão coletiva até hoje me encanta, mas acredito que é necessária muita maturidade na vivência dos princípios democráticos para que de fato seja possível alcançar os objetivos*[2].
>
> (BRUNO, 2006, 35)

Com uma trajetória de mais de meio século vinculada à educação no ensino fundamental, médio e superior, proponho-me neste capítulo dialogar e refletir com meus pares que atuam no magistério sobre algumas das principais ações e atribuições dos profissionais da coordenação pedagógica. Mais ainda, considerar como essas reflexões poderão contribuir para uma práxis voltada à melhoria da qualidade de ensino de cada unidade escolar.

---

1. Professor doutor em Psicologia da Educação: PUC-SP. Coordenador de cursos de pós-graduação *lato sensu* do Centro de Pós-Graduação das Faculdades "Oswaldo Cruz" — SP.

2. BRUNO, Eliane B. G. (*in memoriam*), *Os saberes das relações interpessoais e a formação inicial do coordenador pedagógico*, Tese de doutorado em Psicologia da Educação, PUC-SP, 2006, 35.

Tomo a questão do planejamento, sua execução e avaliação como tema central dessa proposta. Trata-se, sem dúvida, de uma questão já muito apresentada e discutida por muitos autores ligados à literatura pedagógica, o que não diminui sua relevância quando a preocupação com a melhoria da qualidade do ensino passa a dominar o discurso pedagógico das escolas e da mídia em geral.

A retomada dessa discussão e reflexão pode proporcionar contribuições para a atuação do coordenador pedagógico nas comunidades escolares, gerando novas decisões voltadas para a contínua evolução do trabalho pedagógico de cada instituição escolar.

Um breve mergulho na história da educação

As vivências e as leituras de alguns autores da história da educação[3] nos permitem inferir que, até o período dos anos de 1950 e início dos anos de 1960, pouco ou quase nada era realizado em termos de planejamento, principalmente nas escolas públicas. Na literatura pedagógica e atualmente, mesmo no senso comum, algumas dessas escolas passaram a ser denominadas e conhecidas como escolas tradicionais.

Temos observado que, ainda nos dias atuais, uma parcela de professores e da sociedade letrada manifesta o discurso em defesa da escola tradicional daquela época. Argumentam que era uma escola pública de "excelência", de alto nível de ensino e qualidade superior à da escola contemporânea. Mas, considerando o contexto histórico, político e social de cada época, para nós, educadores da atualidade, modestamente, pode tratar-se de um discurso saudosista e ingênuo. Historicamente, pode-se constatar que se tratava de uma escola elitista, voltada para os filhos das classes alta e média. De modelo conteudista, o aluno era valorizado pela passividade e considerado apenas receptor das informações de cada disciplina. O ensino primário

---

3. Recomendamos a leitura de ROMANELLI, Otaíza de Oliveira, *História da educação no Brasil*, Petrópolis, Vozes, 1984, e RIBEIRO, Maria Luiza Santos, *Introdução à história da educação brasileira*, São Paulo, Cortez, 1978.

era destinado a ensinar a leitura, a escrita e a aritmética, e os cursos ginasial e colegial voltavam-se à mera transmissão do conhecimento acabado e formal, visando possibilitar aos filhos da elite o acesso aos estudos superiores como garantia à formação das profissões liberais. A classe popular dificilmente tinha acesso à educação, o que resultava em elevado índice de analfabetismo.

No sistema escolar havia o ensino primário, de quatro anos, que funcionava em prédios próprios, no período diurno; e o ginasial e o colegial de quatro e três séries, respectivamente, em menor número que os do primário, que funcionavam em prédios separados. Para ilustrar a situação dramática e seletiva da educação no Brasil, nós nos valemos das citações de Carvalho (2010), quando ressalta que somente no estado de São Paulo, em 1956, mais de 30 mil crianças deixaram de ser atendidas no ensino primário, e naquele mesmo ano havia apenas trinta ginásios públicos em todo o estado.

Ao término do curso primário, os alunos deveriam se submeter às terríveis provas-exames de admissão para ingressar no curso ginasial. A concorrência era tão acentuada que — valendo-nos ainda dos registros de Carvalho (2010) —, em uma escola de São Paulo, para oitenta vagas concorreram 1.300 candidatos, sendo então favorecidos os oriundos da elite econômica, que tinham condições financeiras para frequentar "cursos preparatórios". Os excedentes dessa demanda concorriam às escolas privadas, que na grande maioria eram mantidas por diversas ordens religiosas de países europeus. Estas procuravam reproduzir suas metodologias, os costumes e os traços culturais da sociedade europeia.

Outro elemento histórico dessas escolas, digno de registro, era o da separação de gênero: meninos, nas escolas de padres, e meninas, nas escolas das freiras, nas católicas, e todas elas dirigidas e com o corpo docente predominantemente religioso, fossem católicas, protestantes ou batistas. As de influência católica, em maior número, funcionavam também em regime de internato e possibilitavam poucas visitas dos alunos às suas famílias ou aos programas socioculturais do município onde haviam sido instaladas, procurando-se assim garantir aos educandos a introjeção dos valores religiosos, das normas de conduta e dos "requintes" da formação europeia.

Muito se poderia falar sobre o currículo, a metodologia, a dinâmica dessas escolas, mas nosso objetivo principal é o da questão histórica de nossa escola pública, que passamos a retomar.

Nas décadas de 1950 e 1960, o Brasil ainda figurava como país subdesenvolvido, tendo o elevado índice de analfabetismo como um dos principais fatores desse subdesenvolvimento[4]. Contra esse *status quo*, emergem nesse período intelectuais-educadores, economistas, cientistas das mais diversas áreas, que passam a contribuir com suas pesquisas, estudos e obras para que o Brasil superasse os terríveis problemas do subdesenvolvimento. Somavam-se a esse quadro os movimentos reivindicatórios por mais escolas e pelo direito de todos os brasileiros à educação[5], conforme preconizavam a Constituição do Brasil e a Lei 4.024/61, de Diretrizes e Bases da Educação Nacional.

Se no passado predominavam na sociedade brasileira as características rurais da monocultura cafeeira, agora temos o contexto do êxodo rural favorecendo o crescimento desordenado dos centros urbanos, motivado pelo crescente processo de industrialização. Em decorrência dos movimentos migratórios, da concentração populacional nas cidades, surgem e ganham força os movimentos reivindicatórios por mais escolas e os de combate ao analfabetismo. As exigências por mão de obra qualificada para o exercício das novas funções e força de trabalho nas indústrias contribuíram para reforçar e tornar realidade as ideologias da universalização e do direito à educação conforme enfatizamos.

Em São Paulo, vale ressaltar algumas políticas adotadas visando à expansão e universalização das oportunidades escolares, propostas pelo ilustre educador José Mário Pires Azanha[6].

---

4. A leitura das obras do grande educador Anísio Teixeira que destacamos nas referências bibliográficas é de fundamental importância para a compreensão dessa problemática. Também as leituras de Josué de Castro e Celso Furtado são importantes para a compreensão do contexto de subdesenvolvimento do país.

5. Destaco a leitura de Spósito, Marília Pontes, *O povo vai à escola*, São Paulo, Loyola, 1984.

6. A leitura de Carvalho, José Sérgio Fonseca, *José Mário Pires Azanha* (Coleção Educadores, MEC, 2010) contribui para a compreensão daquelas políticas.

Até 1969, os ginásios tinham liberdade para a elaboração das provas e a aplicação dos exames de admissão ao ginásio, o que resultava em elevado índice de reprovação, pois se tratava de manter menor número de vagas em nome da chamada "escola pública de excelência", conforme já mencionamos.

O professor José Mário Pires Azanha, que naquela época exercia o importante cargo de chefe do departamento do ensino secundário e normal, encaminha proposta ao Conselho Estadual de Educação (CEE), em 1970, definindo que os exames de admissão fossem unificados e elaborados por uma comissão de professores por ele designada.

A proposta acatada pelo CEE e assim executada possibilitou o ingresso da maioria dos candidatos, favorecendo especialmente os alunos oriundos das camadas populares.

Para o atendimento de toda essa demanda de acesso ao ginásio, outra importante medida foi adotada — a de melhor aproveitamento dos prédios escolares. Os grupos escolares que funcionavam em dois períodos alteraram seu horário de entrada e saída dos alunos, agora das 7h às 15h. A partir das 15h iniciava-se o ginasial, também em dois turnos — vespertino e noturno. Tal medida resultou progressivamente no fim dos exames de admissão. No entanto, teve também consequências negativas, como o elevado índice de reprovação dos alunos da 1ª série ginasial, em torno de 80%, somado à forte reação dos professores e das escolas particulares habituadas que estavam a receber considerável parcela da demanda excedente das escolas públicas. Essas consequências e as pressões exercidas pela parcela de mantenedores das escolas privadas recaíram sobre José Mário Pires Azanha, acusado de subversivo, exonerado do cargo que ocupava e submetido a inquérito policial. Mas o maior mérito de suas ousadas políticas foi o início da democratização do ensino, mesmo prevalecendo o modelo curricular da escola tradicional.

Muito se poderia destacar nesse contexto político-histórico, mas as obras citadas podem contribuir para sua compreensão. É importante enfatizar que se inicia um movimento de evasão dos filhos da elite econômica da escola pública, que passaram a estudar nas escolas particulares, enquanto os filhos das classes populares foram para as escolas públicas. Diante desse cenário, também no final dos anos de 1950 e no início dos anos de 1960, grupos de educadores idealistas e críticos da escola tradicional passaram a assumir projetos de inovação ou renovação educacional.

Em São Paulo foram criados os colégios de aplicação da USP, as escolas experimentais como o ginásio estadual experimental "Dr. Edmundo de Carvalho", no bairro da Lapa, e os ginásios estaduais vocacionais, com uma nova infraestrutura. Enquanto na escola pública comum o diretor era uma figura solitária, envolvida nas funções burocráticas e praticamente sem espaço para as ações pedagógicas, as escolas de renovação pedagógica contavam com uma equipe de direção constituída por orientadores pedagógicos e educacionais responsáveis pela elaboração e execução do planejamento pedagógico[7] e administrativo da unidade escolar, atualmente intitulado projeto político pedagógico. Os coordenadores pedagógicos e educacionais eram formados nos cursos de Pedagogia, altamente seletivos na época, pois eram oferecidos pelas poucas faculdades e universidades existentes. Os orientadores educacionais complementavam os estudos na pós-graduação, hoje equivalente ao *lato sensu*, na USP, coordenado pela ilustre Profa. Maria José Werebe. Recebiam sólida formação cultural, pedagógica e educacional. Não havia a fragmentação do curso em habilitações, o que ocorreria com a Lei 5540 de 28/11/1968. Como bem observa a Profa. Laurinda Ramalho de Almeida,

> a presença da coordenação pedagógica na rede estadual paulista tem uma história antiga: na década de 1960, nas Escolas Experimentais e Ginásios Vocacionais; na década de 1970, nas Escolas Técnicas; na década de 1980, no "Projeto de reestruturação técnico-administrativa e pedagógica do ensino de 1º e 2º graus na rede estadual, no período noturno — nos Centros Específicos de Formação do Magistério" — Cefam — e no Ciclo Básico — CB; na década de 1990, nas Escolas-Padrão. Em 1996, pela Resolução SE nº 29/96 todas as escolas da rede estadual passaram a contar com a coordenação pedagógica (ALMEIDA, 2010, 23).

---

7. Somente a partir de 1970 o planejamento passou a ser obrigatório nas escolas, por resolução da SEE.

Atualmente, na rede estadual de ensino de São Paulo, a coordenação pedagógica é exercida "pelo professor coordenador (PCP), como função. Já na rede municipal, temos o coordenador pedagógico, que exerce um cargo", como observa Almeida (2010, 23).

Nosso foco está voltado para a experiência dos ginásios vocacionais[8], visto que exerci as funções de orientador pedagógico no Ginásio Estadual Vocacional João XXIII, do município de Americana. Nosso objetivo principal é oferecer aos educadores atuais algumas contribuições e reflexões sobre o planejamento, seu acompanhamento e avaliação.

Atualmente, como na experiência do Vocacional, destaca-se a importância de considerar a pesquisa da comunidade o ponto de partida para o planejamento. Sabemos da dificuldade de se limitar sociologicamente a comunidade, dadas as mais diversas características geopolíticas. Nos pequenos municípios ou distritos há mais facilidades para essa delimitação, diferentemente dos bairros nos grandes centros. Mas há grande importância de conhecer as particularidades de cada realidade em que a escola se insere, a fim de estabelecer os objetivos gerais, as metas e propostas de avanços e mudanças. Quem são seus alunos, quais as expectativas, valores, traços culturais das famílias, quais são as instituições que prestam melhores serviços aos cidadãos, e também quais as mais deficitárias nos diferentes campos de ação são algumas das questões relevantes para a pesquisa da comunidade. A respeito dos vocacionais, o professor Newton César Balzan enfatiza a importância do conhecimento da comunidade:

> Uma das coisas que mais me impressionaram no Vocacional, e sempre atribuía isso a seu sucesso, foi o planejamento. Eu me lembro de ter participado das pesquisas da comunidade, a do "Oswaldo Aranha", a de Batatais. Eu fui a Batatais fazer pesquisa sobre a clientela que íamos admitir. Então foi um planejamento (a partir de um estudo feito) sobre a futura clientela, sobre as mães dos alunos, sobre o índice de democratização da cidade. Era um trabalho muito sério. Essa pesquisa foi discutida e a partir dela esta-

---

8. Experiência de renovação do ensino proposta pela Secretaria de Educação do Estado de São Paulo, na década de 1960 e início de 1970.

belecemos os objetivos gerais do Sistema Vocacional para todos os ginásios, depois para cada ginásio (Rovai, 1996, 110-111).

Se almejamos vencer os desafios que a democratização do ensino nos apresenta e em especial quando assumimos o compromisso da melhoria da escola pública, a reflexão sobre a importância da pesquisa da comunidade se destaca como o primeiro passo para o planejamento. Significa, como já afirmamos anteriormente, que em um país com cinco mil e quinhentos municípios, com características socioculturais tão diversificadas, não se pode falar em escola de forma generalizada, mas sim de cada escola em particular. Nos vocacionais o planejamento ocorria uma ou duas semanas antes do início do ano letivo. Era precedido pelo estudo e análise dos dados da pesquisa da comunidade somados aos estudos dos principais referenciais teóricos da Psicologia do Desenvolvimento (ênfase aos estudos de Piaget), da Filosofia da Educação e dos fundamentos sociopolíticos antropológicos para a melhor compreensão das dimensões dos objetivos gerais, comuns a todas as unidades. Na atualidade, são os fins e diretrizes gerais apresentados na Constituição, na Lei 9394/96 e no Parecer CNE/CEB nº 07/2010 e no Plano Nacional de Educação — Lei 13.005 de 25/6/2014. A título de exemplificação, para demonstrar a atualidade daqueles objetivos propostos na década de 1960 comparados aos da legislação citada, destacamos alguns deles:

- proporcionar técnicas de trabalho e de estudo que favoreçam o desenvolvimento pleno da maturidade intelectual do adolescente;
- promover a integração social do jovem no meio em que vive;
- proporcionar o conhecimento e levar à valorização dos recursos humanos e materiais da comunidade;
- propiciar aos adolescentes o suficiente treino de independência pessoal, diante das novas exigências da vida;
- formar o cidadão democrata, consciente e responsável (Serviço do Ensino Vocacional. Planos Pedagógicos e Administrativos dos Ginásios Vocacionais de São Paulo, 1969, 97-98).

Ao término do ano letivo, esses objetivos gerais eram avaliados juntamente com os objetivos específicos de cada unidade.

Convém enfatizar mais uma vez a importância de considerar o diagnóstico da escola relativo ao alcance de seus objetivos, de suas metas, índices de aprovação e retenção em cada série, a evasão, suas causas e estudo de suas consequências, o conhecimento dos novos alunos que ingressavam na 5ª série ginasial. Todos esses elementos complementavam os estudos da comunidade para a elaboração do planejamento anual. A consideração desses dados possibilitava o planejamento para uma realidade conhecida e analisada por todos, um "planejamento para a liberdade, planejamento visando a um aluno crítico, consciente, responsável, solidário e culto" (BALZAN, 2015, 66). Resultava no exercício de refletir sobre a escola que temos e a que almejamos, a escola real e a ideal em conformidade com o contexto.

Outro aspecto muito importante nos ginásios vocacionais era o envolvimento de todos os segmentos da unidade escolar — professores, pais, funcionários, representantes da comunidade, coordenados pelos CPs, na elaboração do planejamento, hoje conhecido por Projeto Político Pedagógico, o que nas escolas em geral passa a ocorrer a partir da década de 1980.

Uma vez elaborado o planejamento geral, os professores precisavam elaborar os planos de ensino de cada disciplina, com a colaboração dos coordenadores pedagógicos. Nos ginásios vocacionais, os planos de ensino por disciplinas e séries estavam vinculados às unidades pedagógicas[9], com ênfase na integração dos conteúdos. Atualmente, algumas escolas se valem de unidades de trabalhos, projetos, integração por problemas, interdisciplinaridade.

Em entrevista publicada na *Folha de São Paulo* (Cotidiano, 20/4/2017), o Prof. Nuno Crato, ex-ministro da educação de Portugal, ressalta que

> a verdadeira pedagogia moderna, baseada nas ciências cognitivas do século XXI, mostra que não basta saber ler. Os jovens devem ter fluência na leitura e nas operações matemáticas. Isso lhes permite libertar a mente para atividades de ordem cognitiva superior.

---
9. A respeito da interdisciplinaridade e unidades pedagógicas, ler SILVA, M. *Deu certo, por que não? A aula plataforma no ensino vocacional* (ver referências bibliográficas).

Essa já era uma preocupação constante do vocacional nas décadas de 1960 e 1970. A maioria das atividades exigia dos alunos a redação, os relatórios, os registros, e demandava o exercício da reflexão, da fundamentação e das buscas às respostas aos porquês relacionados aos temas propostos no início de cada bimestre, nas chamadas aulas plataformas. Era o contínuo exercício da "pesquisa", implícita nas técnicas de estudos que, embasadas nas teorias de aprendizagem e do desenvolvimento, com destaque para os estudos de Jean Piaget, consideravam a sequência do estudo dirigido, estudo supervisionado, estudo livre, seminários e a ênfase ao estudo do meio. Todas elas permeadas pelas pesquisas e estudos individuais e em equipe e pelas assembleias de classe. Resultava na formação de alunos e cidadãos críticos, inconformados com as respostas prontas e as verdades absolutas, envolvidos no processo de construção do conhecimento. Exigia-se o trabalho colaborativo do CP e importante espaço de formação continuada do professor, como bem observa a professora Regina Célia, de Língua Portuguesa, do vocacional de Americana:

> Eu acho que valeria a pena insistir realmente no trabalho do vocacional como uma complementação da formação e como educação continuada mesmo, não acabava nunca a formação do professor. Nós estávamos constantemente estudando, aplicando e melhorando nosso trabalho (Regina Célia Barbosa, in: SILVA, 1999, 36).

Muitos outros depoimentos de professores poderiam ser citados para exemplificar a atuação colaborativa do CP com os professores na elaboração, análise e discussão dos planos de ensino. Como deve ocorrer na maioria das unidades escolares em relação aos planos de ensino das disciplinas, estes estavam estruturados em: objetivos gerais e específicos (nos vocacionais, os objetivos relacionados às dimensões do desenvolvimento físico-motor, emocional-afetivo, social e cognitivo do desenvolvimento do aluno estavam sempre destacados), os conteúdos que consideravam as sequências lógicas e psicológicas e que melhor se integravam — interdisciplinaridade — para responder à unidade pedagógica, bimestral, e as propostas de avaliação com ênfase na autoavaliação, bem como as referências bibliográficas. Elaborados os planos individuais, os professores das

5ᵃˢ às 8ᵃˢ séries reuniam-se por área, visando à melhor integração horizontal (professores das mesmas séries) e vertical dos conteúdos, sempre fundamentados em teorias da aprendizagem e do desenvolvimento. Respeitava-se a flexibilidade dos planos de ensino em função das unidades pedagógicas, conforme já mencionado.

A título de exemplificação, destacamos que em Língua Portuguesa os alunos liam de duas a quatro obras literárias ao longo do ano, como leitura complementar aos textos trabalhados sistematicamente nas aulas. Apresentavam resenhas individuais e de equipe, realizavam debates e discussões com a classe. Os próprios alunos coordenavam os trabalhos, assessorados pelos professores, e as turmas mais adiantadas apresentavam seminários. Nestes ocorria, por exemplo, comparação de obras, como a realizada pelos alunos da 8ª série de 1969, de Americana, que leram e apresentaram *Vidas secas*, de Graciliano Ramos, e *As cidades e as serras*, de Eça de Queirós. Os conteúdos relacionavam-se ao tema da unidade pedagógica, e com muita criatividade os alunos planejavam e usavam os recursos de outras disciplinas, como em Educação Musical, apresentando em acordes de violão como fundo musical as músicas de Chico Buarque, com a letra do poema "Morte e vida Severina", de João Cabral de Melo Neto, e a de Geraldo Vandré, "Para não dizer que não falei das flores". Em Educação Artística, elaboravam-se painéis, jograis e representações. Todos os alunos eram envolvidos e com autonomia planejavam, coordenavam a apresentação dos trabalhos. Eram autênticos atores da aprendizagem, assumindo os diferentes papéis. Os coordenadores e professores participavam mais como espectadores, enquanto alunos com autonomia coordenavam os debates e iam registrando na lousa as principais conclusões, que resultavam na síntese dos debates. Era comum ainda a reapresentação desses trabalhos aos pais. Esse exemplo, registrado pela memória, contribui para demonstrar quanto a riqueza de detalhes que caracterizava a dinâmica dos seminários estimulava o hábito da leitura, objetivo que não era restrito à Língua Portuguesa, mas fazia parte de todas as disciplinas.

Demonstra, ainda, como o exercício da reciprocidade do ensinar e aprender dos professores com os alunos era comum nas mais diversas atividades do vocacional e, ao mesmo tempo, se apresenta como desafio aos educadores da atualidade ao refletir e planejar coletivamente as suas práticas.

Ainda em relação aos planos de ensino, os professores os discutiam com seus pares de diversas disciplinas, nos Conselhos Pedagógicos, visando à integração e interdisciplinaridade. A prática sistemática dos conselhos pedagógicos[10], que ocorriam semanalmente com quatro horas de duração, era também um dos principais recursos de formação continuada em serviço que caracterizava a experiência do vocacional como de vanguarda. Como bem expressa o Prof. Newton César Balzan, "o futuro avaliará a mais séria, criativa e avançada experiência já realizada no Brasil" (BALZAN, in: PIMENTEL, 1993, 13).

No vocacional, todos os professores eram contratados em jornada integral, o que favorecia o trabalho coletivo e a participação nas mais diversas atividades curriculares. Relativamente à jornada do professor, outro fato histórico que vale mencionar diz respeito a nossa participação como membro da equipe nomeada pelo secretário da Educação, Prof. Paulo Renato de Souza, no Governo Montoro para a elaboração do Estatuto do Magistério Paulista. Um dos princípios defendidos pela Comissão que elaborou o referido estatuto e que foi aprovado relaciona-se à jornada do professor, que passou a ser constituída de horas-aulas e horas-atividades, como ficou expresso no Artigo 29 da Lei Complementar n° 444/85[11]: "A jornada semanal de trabalho docente é constituída de horas-aulas e horas-atividades".

A importância pedagógica das horas-atividades está relacionada não somente a nossa experiência no vocacional, mas, sobretudo, a nossa "crença" de que todo trabalho educacional de qualidade somente ocorrerá com o coletivo da unidade escolar. Trata-se indubitavelmente de importante espaço para que o professor-coordenador trabalhe com as atividades pedagógicas relacionadas ao planejamento delineado no início do ano, como os conselhos de séries e de classes

---

10. Para maiores conhecimentos sobre os conselhos pedagógicos, ler SILVA, Moacyr da, Tese de Doutorado PUC-SP, 1999, 39-46.

11. Estatuto do Magistério de São Paulo — Lei Complementar n° 444, de 27/12/85, atualmente com muitas emendas e muitos artigos vetados pelos governos que sucederam ao Prof. Franco Montoro.

voltados principalmente para o acompanhamento do aproveitamento dos alunos, seus progressos e suas dificuldades; o alcance ou não dos objetivos propostos e trabalhados pelos professores em seus planos de ensino; estudo das causas e consequências da evasão escolar e as questões específicas e mais significativas de cada escola.

Atualmente, diante da complexidade da escola, sabemos que os coordenadores estão envolvidos com uma série de atividades emergenciais e de solicitações de toda ordem, mas as questões pedagógicas não podem ser relegadas a um plano secundário. Como bem expressa a Profa. Laurinda R. de Almeida em seu artigo "Um dia de um coordenador pedagógico de escola pública",

> Tomar decisões diante de tantas solicitações, tantas emergências, tantos conflitos que representam o cotidiano escolar não é fácil. O coordenador está sempre diante de um labirinto de escolhas. É preciso ter coragem para fazer escolhas, definir metas, aproveitar brechas, criar espaços, fazer parcerias (ALMEIDA, 2010, 45).

Como exemplo do acima exposto, vale citar a experiência que tivemos na direção de um instituto estadual de educação que contava dois mil e duzentos alunos e somente um orientador educacional. Em relação ao planejamento anual, assumimos como recorte e meta principal o desenvolvimento da leitura e da escrita. Defendíamos com o coletivo de professores que um aluno capaz de ler, entender, interpretar e escrever uma síntese do texto teria melhores condições de aprendizagem dos conteúdos das demais disciplinas. Procurávamos, assim, desenvolver um trabalho mais sistemático de orientação e acompanhamento dos professores, ressaltando que, independentemente da disciplina que ministravam, todos eram responsáveis pelo processo de letramento e domínio da Língua Portuguesa.

Poderiam ser mencionadas muitas outras atribuições e atividades dos coordenadores vinculadas ao desenvolvimento do planejamento global de cada unidade-escola. Conforme já abordamos, o exercício cotidiano, as peculiaridades e a riqueza extraordinária de ações, exigências e solicitações vão delinear a tomada de decisões e caracterizar a identidade de cada escola.

Enfatizamos, ainda, a importância da avaliação, que no vocacional era parte integrante de cada atividade realizada. E ao término de cada ano letivo os professores avaliavam com cada classe, em cada série, o plano de ensino trabalhado: dialogavam com os alunos sobre o alcance dos objetivos, quais conceitos implícitos nos conteúdos tinham sido aprendidos e que relações (transferência de aprendizagem) poderiam ser estabelecidas com os de outras disciplinas (interdisciplinaridade) — e elaboravam uma síntese. Somadas às das demais séries (das 5as às 8as séries), resultavam em um grande painel de síntese geral, que, apresentada, discutida e refletida no conselho pedagógico, fornecia importantes elementos para o diagnóstico e sequência dos trabalhos para o Projeto Político Pedagógico do ano seguinte. E, conforme já citado, com o auxílio dos fundamentos teóricos estudados ao longo do ano, os professores faziam a autoavaliação e a leitura significativa de sua prática pedagógica, sempre acompanhados do olhar atento do CP, que não apenas nos vocacionais ou nas escolas experimentais, mas sobretudo nas escolas de hoje, vai se legitimando em seus papéis e funções fundamentais.

A sociedade brasileira passou por muitas mudanças nas últimas décadas, e o novo cenário deve ser considerado ao se repensar a escola para esta nova realidade, com ensino de qualidade, como ocorreu com os vocacionais e as escolas experimentais. Trata-se de um desafio para os CPs e os educadores de maneira geral.

Referências

ALMEIDA, L. R. Um dia na vida de um coordenador pedagógico de escola pública. In: PLACCO, V. M. N. S.; ALMEIDA, L. R. (org.). *O coordenador pedagógico e o atendimento à diversidade*. São Paulo: Edições Loyola, 2010.

ALMEIDA, L. R., PLACCO, V. M. N. S. (org.). *O coordenador pedagógico e o atendimento à diversidade*. São Paulo: Loyola, 2010.

_____. *O coordenador pedagógico. Provocações e possibilidades de atuação*. São Paulo: Loyola, 2012.

BALZAN, N. C. *Conversa com professores. Do fundamental à pós-graduação*. São Paulo: Cortez, 2015.

BRUNO, Eliane B. G. (in memoriam). *Os saberes das relações interpessoais e a formação inicial do coordenador pedagógico*. Tese de doutorado em Psicologia da Educação, PUC-SP, 2006, 35.

CARVALHO, J. S. F. *José Mário Pires Azanha*. Recife: Fundação Joaquim Nabuco/Massangana, 2010 (Coleção Educadores — MEC).

CASTRO, J. de. *Geopolítica da Fome*. Rio de Janeiro: Casa do Estudante do Brasil, 1955.
FREIRE, P. *Educação como prática de liberdade*. Rio de Janeiro: Paz e Terra, [19]1989.
FURTADO, C. *Formação econômica do Brasil*. São Paulo: Editora Nacional, [11]1971.
PIMENTEL, M. da G. *O professor em construção*. Campinas: Papirus, 1993.
RIBEIRO, M. L. S. *Introdução à história da educação brasileira*. São Paulo: Cortez, 1978.
ROMANELLI, O. O. *História da educação no Brasil (1930-1973)*. Petrópolis: Vozes, [5]1984.
ROVAI, E. *As cinzas e a brasa: ginásios vocacionais. Um estudo sobre o processo de ensino-aprendizagem na experiência pedagógica do ginásio estadual vocacional Osvaldo Aranha — 1962/1969*. Tese de doutorado em Psicologia da Educação, PUC-SP, 1996.
SÃO PAULO (Estado). Lei Complementar n. 444 de 27/12/1985, sobre o Estatuto do Magistério Paulista. Disponível em: <http://www.educacao.sp.gov.br/lise/legislacaocenp>. Acesso em: 10 maio 2017.
SERVIÇO DO ENSINO VOCACIONAL. Planos pedagógicos e administrativos dos ginásios vocacionais do estado de São Paulo, 1969.
SILVA, M da. *Revisitando o ginásio vocacional. Um lócus de formação continuada*. Tese de doutorado, PUC-SP, São Paulo, 1999.
_____. Deu certo, por que não? A aula plataforma no ensino vocacional. In: ALMEIDA, L. R.; PLACCO, V. M. S. (org.). *O coordenador pedagógico. Provocações e possibilidades de atuação*. São Paulo: Loyola, 2012.
SOUZA, P. V. M. N.; ALMEIDA, R. L. (org.). *O coordenador pedagógico e o cotidiano da escola*. São Paulo: Loyola, 2010.
SPÓSITO, M. P. *O povo vai à escola. A luta popular pela expansão do ensino público em São Paulo*. São Paulo: Loyola, [4]1984.
TEIXEIRA, A. *Educação e o mundo moderno*. São Paulo: Editora Nacional, 1969.
_____. *Educação não é privilégio*. São Paulo: Editora Nacional, [3]1971.

Edições Loyola

editoração impressão acabamento

Rua 1822 nº 341 – Ipiranga
04216-000 São Paulo, SP
T 55 11 3385 8500/8501, 2063 4275
www.loyola.com.br